A DOR INVISÍVEL DOS PRESBÍTEROS

Dados Internacionais de Catalogação na Publicação (CIP)
(Câmara Brasileira do Livro, SP, Brasil)

Campos, Luciana
  A dor invisível dos presbíteros / Luciana Campos. – Petrópolis, RJ : Vozes, 2018.
  Bibliografia.

1ª reimpressão, 2018.

ISBN 978-85-326-5737-4

1. Burnout (Psicologia) 2. Espiritualidade 3. Missão da Igreja 4. Presbíteros 5. Relações de trabalho 6. Sofrimento psíquico 7. Vocação sacerdotal I. Título.

18-12896 CDD-253

Índices para catálogo sistemático:
1. Síndrome de Burnout no presbitério : Presbíteros : Espiritualidade e missão pastoral : Cristianismo 253

Luciana Campos

A DOR
INVISÍVEL DOS
PRESBÍTEROS

EDITORA
VOZES

Petrópolis

© 2018 Editora Vozes Ltda.
Rua Frei Luís, 100
25689-900 Petrópolis, RJ
www.vozes.com.br
Brasil

Todos os direitos reservados. Nenhuma parte desta obra poderá ser reproduzida ou transmitida por qualquer forma e/ou quaisquer meios (eletrônico ou mecânico, incluindo fotocópia e gravação) ou arquivada em qualquer sistema ou banco de dados sem permissão escrita da editora.

CONSELHO EDITORIAL

Diretor
Gilberto Gonçalves Garcia

Editores
Aline dos Santos Carneiro
Edrian Josué Pasini
Marilac Loraine Oleniki
Welder Lancieri Marchini

Conselheiros
Francisco Morás
Ludovico Garmus
Teobaldo Heidemann
Volney J. Berkenbrock

Secretário executivo
João Batista Kreuch

Diagramação: Sheilandre Desenv. Gráfico
Revisão gráfica: Nilton Braz da Rocha
Capa: Ygor Moretti
Ilustração de capa: ©lightpoet | Shutterstock

ISBN 978-85-326-5737-4

Esta obra foi publicada originalmente em 2017 pela Ed. Alternativa, com o título: *A dor invisível: a síndrome de Burnout e depressão entre os religiosos.*

Editado conforme o novo acordo ortográfico.

Este livro foi composto e impresso pela Editora Vozes Ltda.

Dedico este livro aos meus pais, marido e filhos.

Cansaço

O que há em mim é sobretudo cansaço –
Não disto nem daquilo,
Nem sequer de tudo ou de nada:
Cansaço assim mesmo, ele mesmo, Cansaço.
A sutileza das sensações inúteis,
As paixões violentas por coisa nenhuma,
Os amores intensos por suposto em alguém,
Essas coisas todas –
Essas e o que falta nelas eternamente
Tudo isso faz um cansaço,
Este cansaço, Cansaço.
Há sem dúvida quem ame o infinito,
Há sem dúvida quem deseje o impossível,
Há sem dúvida quem não queira nada –
Três tipos de idealistas, e eu nenhum deles:
Porque eu amo infinitamente o finito,
Porque eu desejo impossivelmente o possível,
Porque quero tudo, ou um pouco mais, se puder ser,
Ou até se não puder ser...
E o resultado?
Para eles a vida vivida ou sonhada,
Para eles o sonho
sonhado ou vivido,
Para eles a média entre tudo e nada, isto é, isto...
Para mim só um grande, um profundo,
E, ah com que felicidade
infecundo, cansaço,
Um supremíssimo cansaço,
Íssimo, íssimo, íssimo, Cansaço...

Álvaro de Campos, in "Poemas"
Heterônimo de Fernando Pessoa

Sumário

Apresentação, 9

Introdução, 13

Capítulo I – Variáveis psicológicas dos vocacionados para o serviço religioso, 17

Algumas palavras sobre a personalidade dos religiosos, 21

Capítulo II – O exercício pastoral e a solidão do presbitério, 27

Algumas palavras sobre a Síndrome de Burnout e a depressão, 27

Capítulo III – Possíveis caminhos, 51

Alimentos e bebidas, 53

Sintomas físicos: exercícios físicos/meditação, 58

Psicoterapia: procurando o profissional mais adequado para você, 58

Procurando ajuda médica, 61

Desenvolvendo a assertividade e delegando tarefas, 62

Habilidades sociais de amizade: retomando a vida social, 64

Conclusão, 67

Referências, 71

Anexos, 75

Apresentação

Quem é o padre?

De fato, todo sumo sacerdote é tomado do meio do povo e representa o povo nas suas relações com Deus, para oferecer dons e sacrifícios pelos pecados. Ele sabe ter compaixão dos que estão na ignorância e no erro, porque ele mesmo está cercado de fraqueza. Por isso, deve oferecer, tanto em favor de si mesmo como do povo, sacrifícios pelo pecado. Ninguém deve atribuir-se esta honra, senão aquele que foi chamado por Deus, como Aarão.

(Hebreus 5,1-4)

Certo dia, um padre amigo passou mal e foi para o hospital. Aparentemente, nada de grave foi diagnosticado. Depois de avaliá--lo, a médica lhe disse: "O sr. precisa fazer coisas de pessoas normais: dormir, comer, descansar..." Essa constatação foi motivo de brincadeiras posteriores, mas também de uma reflexão. Será que estamos vivendo uma vida normal? Será que estamos nos compreendendo como pessoas normais? Poderíamos dizer pessoas de carne, osso e espírito?

A pergunta que propomos, como título desta apresentação, nos leva a pensar sobre o mistério do ser padre. Mistério que é grandioso para os outros, mas, principalmente, para o próprio padre, que está envolvido numa dinâmica de vida que abarca coisas grandiosas e coisas simples. Podemos afirmar que nem nós, padres, nos compreendemos plenamente!

O texto da Carta aos Hebreus nos ajuda a perceber duas características do ser padre: ele é retirado do meio do povo e, por isso, traz as características do seu povo, do ser homem, como qualquer outro. Depois, ele é enviado para ser ponte entre Deus e o povo, ser mediação do Sagrado. Essa dinâmica o coloca numa constante tensão!

Há 15 anos vivo num seminário, e sou padre há quase seis anos. Durante este tempo, posso constatar, na minha vida e na dos outros padres, os diversos desafios para viver o ministério sacerdotal. Nas palavras de São João Paulo II, nossa vocação é dom e mistério, e não deixa de ser dom e missão! Diante disso, posso dizer que ainda estamos a caminho de maior compreensão do ser sacerdote, principalmente em sua dimensão humana, mesmo que relacionada ao transcendente.

Vivemos numa sociedade que tem se caracterizado, cada vez mais, por uma forte imaturidade e confusão nos relacionamentos. Tudo isso tem criado um ambiente de tensão, de ansiedade, que nos impede de viver bem, com naturalidade e liberdade. Todos nós, padres ou não, somos suscetíveis a essa dinâmica da vida social, que não é a mesma de há dez anos. Até por isso, chegam a brincar que tivemos eras chamadas neolítica, paleolítica e estamos na era ansiolítica.

Recebemos, em nossas mãos, um presente que é fruto do profissionalismo, da perspicácia e da sensibilidade da Dra. Luciana Campos, com quem tenho a satisfação de trabalhar há quatro anos. Podemos dizer que esta obra traz luz para a vida de todos nós, que vivemos numa sociedade corrida, egoísta, imatura e superficial.

A obra *A dor invisível dos presbíteros* chega como uma oportunidade de olharmos com mais atenção aquelas pessoas, que são como nós, mas foram colocadas, por Deus, para nos servir, como irmãos e guias na caminhada da vida. A obra da Dra. Luciana Campos é um auxílio para todos nós, sacerdotes, religiosos(as), consagrados(as), e para todos aqueles que possuem a missão do cuidado, do serviço aos outros, para que aprendamos a cuidar de nós mesmos e, assim, cuidarmos melhor dos outros! Como poderemos amar os outros se não amarmos a nós mesmos?

O livro é apresentado num tripé muito pedagógico e funcional! Primeiramente, vemos as constatações da autora, a partir da sua experiência terapêutica com vocacionados ao serviço religioso. Em seguida, nos deparamos com os desafios no exercício do Ministério Presbiteral. Por fim, encontramos como que um verdadeiro guia, para todos nós lidarmos com nossos sofrimentos internos, iluminando nossa vida diária.

Faço votos para que este livro seja de grande auxílio na caminhada formativa, inicial e permanente, para os futuros e atuais sacerdotes, mas não apenas! Que possa ajudar a tantas pessoas que, no servir aos outros, se deparam com suas próprias necessidades e precisam aprender a cuidar-se, para cuidar melhor daqueles que lhes foram confiados!

Que seja uma obra acolhida, assumida e internalizada por todos nós, para que tenhamos mais cuidadores maduros e sadios para ajudar nossa humanidade cada vez mais fragilizada e machucada nos dias atuais!

Pe. Douglas Alves Fontes
Reitor do Seminário São José de Niterói

Introdução

Já se passaram quase vinte anos. Era uma manhã de verão, quando um amigo fez uma solicitação corriqueira: "Você pode dar uma palestra na minha igreja?" O tema seria a educação dos filhos, limites, papel dos pais etc.

Embora eu não pertencesse à sua igreja, achei que seria oportuno dividir alguns conhecimentos com os que desejassem. Ele ficou feliz com minha prontidão e disse que faria contato com sua pastora. Alguns dias depois, a secretária da pastora fez contato, dizendo que a pastora gostaria de conversar comigo antes de acertarmos os detalhes da palestra.

No dia marcado, fui ao seu encontro. Pela primeira vez eu estaria frente a frente com uma mulher que era oficialmente pastora.

Alva, loira, muito educada, mas muito séria, ela pediu que eu contasse como pretendia desenvolver minha palestra. Expliquei em linhas gerais e ela então pediu para ver as minhas transparências (ainda estávamos na era do retroprojetor)!

Achei esquisito, afinal eu estava me voluntariando para o trabalho e não compreendia a razão de tanta preocupação. Acreditei que por ser uma instituição bem tradicional – o que se observava pelas vestimentas, móveis e costumes das pessoas que ali encontrei – seria necessário o "pente-fino" no que alguém que era externo àquela cultura poderia oferecer.

No dia marcado, compareci ao evento. A igreja estava lotada. As pessoas ouviam atentas e fizeram muitas perguntas ao final. Ao término da atividade, a pastora me convidou para o seu gabinete. Havia preparado uns aperitivos e desejava me agradecer em particular.

Talvez por ser alguém de fora, talvez pelo papel de psicóloga, talvez por afinidade, naquela breve conversa a pastora mostrou-se mais do que desejava ou mais do que estava habituada a fazê-lo. Devolvi minhas impressões e a convidei para um encontro em meu consultório a fim de darmos continuidade ao que a fenda que ela me ofereceu me permitiu vislumbrar. Aquela mulher séria do primeiro encontro tinha dado espaço a uma mulher vulnerável e desejosa de ser ouvida. Embora tenha percebido o quanto o convite a desconcertou, ela aceitou e, no dia marcado, compareceu.

Chegou com uma postura mais parecida com a do primeiro encontro. Mais distante e com ar de quem havia ido me fazer uma rápida visita. Talvez intuitivamente tenha percebido que não seria possível acessá-la novamente com uma conversa tradicional. Ela tinha se armado. Peguei um livro infantil na estante chamado *O coração de Corali* e perguntei se podia ler para ela. Desconsertadamente, me disse que sim. Comecei a leitura. Tratava-se da história de uma menina que tinha um buraco no coração e lutava com as armas que tinha para minimizar sua dor. Ao final da leitura, lá estava ela de novo, não mais a pastora, agora a mulher, vulnerável e com olhos lacrimejantes. Com a objetividade que lhe era peculiar, começou a discorrer compulsivamente muitos e muitos problemas de ordem pessoal e também de ordem laboral. Perguntou-me se eu achava que poderia compreender algumas experiências espirituais em particular, pois ela tinha certeza, e estava correta, de que não faziam parte do meu universo. Eu disse que sim e que, quando ela adentrasse aquela porta para suas sessões, passaria a chamá-la pelo primeiro nome, dispensando o título de pastora. Ela concordou. O tratamento durou cerca de um ano e pude acompanhar semanalmente seus desafios pastorais, suas dificuldades financeiras, seus dilemas como mulher, sua solidão como líder. Sua história de vida, permeada com o religioso desde sempre, foi marcada por uma família de pastores, na qual ela era a única mulher a ter também assumido este papel. Interessante ainda notar as questões de gênero que ela trazia. Mesmo sendo permitida a investidura de mulher em sua instituição, havia uma certa discriminação. Recordo-me certa vez de ela falar de um desconforto em uma reunião com outros pastores que não conferiam a ela o devido respeito de alguém com a mesma posição hierárquica. A vida social também era um desafio, pois seus membros eram aqueles com quem ela podia estar em alguma atividade extrarreligiosa, mas ainda ali era uma pastora, era a referência.

A sessão que ficou para sempre na minha memória e no meu coração foi uma sessão em que ela me falou sobre uma empregada que teve na sua infância. Na sua numerosa família, eram mais crianças precisando de colo do que a capacidade de sua mãe distribuir afagos. Esta senhora sempre a abraçava em seus seios fartos e dava-lhe o carinho e o aconchego que muitas vezes lhe faltavam. Neste dia, perguntei quem fazia este papel hoje, além de Deus, é claro. Sua resposta foi um choro intenso e doído. Ficava bem clara para ela a solidão a que estava submetida naquela ocasião. Sentei-me ao seu lado e ela pediu para deitar no meu colo e se permitiu chorar por um longo tempo... Que bom! Ali era apenas um ser humano, acalentando outro ser humano. A humanidade daquela religiosa tão zelosa, tão séria, tão centralizadora (relembrando a leitura das transparências), tão negligente com as próprias necessidades, tão preocupada com todos e menos consigo mesma, veio à tona! Era o início da melhora.

Depois dela, vieram outros pastores evangélicos, vieram padres católicos, religiosas e, guardadas as devidas proporções e particularidades de cada um, percebi um traço comum entre eles. No meu doutoramento, concluído em 2013, embora o tema estudado tenha sido o trânsito religioso, examinei histórias de vida de religiosos e, novamente, muitos aspectos em comum. Há quatro anos venho trabalhando como psicóloga em um seminário católico e, mais uma vez, algumas características comuns já são percebidas nestes rapazes em formação. Tenho dividido tais percepções de modo informal, em palestras e formações. Resolvi sistematizá-las neste livro, para favorecer a reflexão nesta área.

Alguns padres e pastores permitiram que eu transcrevesse trechos de nossas conversas sobre o seu cotidiano. Os relatos irão permear todo o livro; contudo, as pessoas permanecerão anônimas, assim como a pastora citada, que muito carinhosamente permitiu que eu abrisse este livro com o *flashback* do seu tempo como minha paciente.

Capítulo I
Variáveis psicológicas dos vocacionados para o serviço religioso

*Para ser grande, sê inteiro: nada teu exagera
ou exclui. Sê todo em cada coisa. Põe quanto
és no mínimo que fazes. Assim, em cada lago
a lua toda brilha, porque alta vive.*

Fernando Pessoa

Trabalho no campo da psicologia há quase vinte anos. Entre os muitos serviços que realizo em minha área, recebo adolescentes, em geral trazidos pelos pais à procura de "orientação vocacional". Ao me deparar com esta demanda, a primeira tarefa é desconstruir a ideia de vocação e transmutar a demanda para "orientação profissional". Eis a razão: no passado, vinculava-se a escolha de uma profissão a algo da ordem do "dom", portanto do inato. Neste sentido, o psicólogo possuía a função de desvendar a que cada indivíduo estava destinado e dar-lhe um parecer, para que pudesse seguir seu caminho.

Atualmente, os profissionais de psicologia que trabalham com esta demanda defendem que a escolha profissional bem-sucedida relaciona-se menos com uma determinação genética e muito mais com um campo de possibilidades que o sujeito possui e que se alinha com sua personalidade, com seus valores e com as áreas das quais este tem conhecimento. Assim, na atualidade, o processo de orientação profissional caminha em três momentos: o primeiro seria o autoconhecimento. É fundamental que o jovem reflita sobre quem ele é, quais suas características, potencialidades, limites, anseios e sonhos. Em segundo lugar, lhe é apresentada uma coletânea das profissões que se alinham com suas descobertas até o momento. Neste ponto é possível colocar o jovem em contato com profissionais da(s) área(s) para que este se familiarize com o dia a dia daquela carreira e possa identificar pontos favoráveis e desfavoráveis, sedimentando ou arrefecendo seu desejo por esta escolha. Finalmente, o terceiro momento é a escolha propriamente dita. Escolher muitas vezes é penoso para o jovem, por várias razões: pelas pressões familiares, pela pouca idade e/ou experiência de vida, por ser um momento em que está preocupado se conseguirá uma vaga na universidade, entre outras. Costumo refletir sobre o que torna este momento ainda mais penoso: o luto que é preciso vivenciar ao escolher. Explico: existe uma frase que diz que "optar é perder". Quando se escolhe utilizar uma roupa branca, perde-se, naquela ocasião, a possibilidade de utilizar a azul, preta, vermelha etc. Do mesmo modo é para o jovem. Enquanto não decidiu, ele pode ser qualquer coisa. Mas a partir do momento em que define que será "Direito", morre ali o médico, o engenheiro, o veterinário etc. Pode parecer lógico, mas este costuma ser um drama para quem escolhe.

De todo modo, neste novo paradigma de escolha profissional, é possível e até esperado que o sujeito desenvolva novas e diferentes habilidades ao longo de sua vida, podendo estar atrelado a mais de um fazer profissional ou mesmo migrando para outra área ao longo de sua trajetória. Neste ponto, uma pessoa madura pode procurar um profissional de psicologia para um trabalho de "reorientação de carreira". Outra possibilidade é, após o período de aposentadoria, buscar-se um novo fazer (REIS, 2011). Todo este preâmbulo nos leva a refletir: E os chamados à vida religiosa? Também possuem este tipo de escolha? Possuem os mesmos conflitos? Em que diferem das profissões seculares?

Este é um ponto interessante, pois pela natureza da vida religiosa aquele que se sente inclinado a esta área o faz por uma dupla demanda: uma motivação interna e uma externa, o que nomeiam com frequência como um "chamado" divino. Alguns testes na área psicológica reservam espaço para a inclinação na área religiosa (BRAGA; ANDRADE, [s.d.]), outros não. De todo modo, os que executam esta aferição incluem o serviço religioso lado a lado com o serviço militar e/ou com as profissões de ajuda, como psicologia, serviço social, terapia ocupacional etc. O fato de o serviço religioso estar pareado tanto com a vida militar quanto com as profissões de ajuda revela um duplo aspecto deste fazer: a rigidez de uma rotina com normas e deveres intensos e um comportamento que favorece ir ao encontro do outro.

Quando trabalho com jovens que desejam integrar a vida religiosa é comum perceber características como: entrega, idealismo, fé, pureza, santidade. Um traço de personalidade essencial é a empatia. O profissional religioso é aquele que não só vai ao encontro do outro, mas consegue colocar-se em seu lugar e, uma vez experimentando sua perspectiva, consegue fornecer uma orientação adequada.

Outro ponto interessante é que a vida profissional possui lugar tão central em nossa identidade, que muitas vezes deixamos de ser apresentados pelo nosso nome. Por diversas vezes fui apresentada assim: "Esta é a psicóloga do meu filho" e não "Apresento-lhe a Luciana". Uma vez escolhida e assumida a profissão, esta passa a ser constitutiva do sujeito, tanto interna quanto externamente. Mas e no caso do pastor, do padre, da religiosa?

O pastor é um profissional do tipo religioso, uma vez que exerce sua atividade como forma de subsistência. Embora isso não exclua o dom, é importante deixar claro que esta é uma atividade profissional particular, pois o pastor não existe fora da estruturação da Igreja. Diferentemente de outros ofícios como, por exemplo, do médico ou do professor, é a instituição Igreja que confere legitimidade ao clérigo pastor junto aos seus fiéis. Como a Igreja no mundo secularizado não possui mais um papel central na sociedade, o contexto do exercício pastoral é basicamente circunscrito à Igreja [...]. O pastor não pode, assim, ser considerado um profissional liberal, pois exerce sua atividade a partir de uma instituição que normatiza sua prática. Também não deve desviar da tradição a que serve, pois sofre um duplo controle: de cima, de seus superiores, e de baixo, de seus fiéis. [...] Na interpretação de Willaime (2003), o clérigo se assemelha a um membro de um partido político, de caráter militante, uma vez que se dedica em tempo integral. Neste sentido, estabelece uma relação constante com os leigos.

(CAMPOS, 2013)

Este ponto é um diferencial importante. Saio do consultório, termino as consultas do dia, chego a minha casa e não sou mais somente a psicóloga. Sou a esposa, sou a mãe. Encontro um paciente no restaurante, no *shopping* e sou cumprimentada, e seguimos adiante. E com o pastor e com o padre? Como se dá esta dinâmica? Recentemente em um encontro com religiosos, um dos presentes partilhava como em algumas ocasiões é penoso estar atrelado integralmente ao papel de cuidador. Ele dizia: "Outro dia fui pagar um sanduíche no Subway e a moça do caixa me pediu a bênção; na academia, fazia a minha série e fui abordado por outra pessoa querendo saber sobre detalhes do batismo para seu filho..." Neste mesmo encontro, um dos padres presentes disse que evitava estar em algumas situações sociais, como uma festa, por sentir-se embaraçado com o assédio que sofre ininterruptamente com as demandas dos fiéis, que não conseguem diferenciar o momento oportuno para a abordagem. Em suma, a escolha pela vida religiosa possui contornos bem específicos e características muito marcantes, que conferem a quem a abraça um desafio complexo, que consiste na ânsia de cuidar e da necessidade pessoal de reservar espaço para sua privacidade e vida pessoal.

Algumas palavras sobre a personalidade dos religiosos

Há quatro anos venho desenvolvendo um trabalho com vocacionados ao ingresso no seminário católico. Ao mesmo tempo, trabalho também com seminaristas que já ingressaram e se preparam para, após longa formação espiritual e intelectual, serem investidos para efetivamente o pastorearem. Embora nunca tenha trabalhado em seminário evangélico, creio que as conclusões a que tenho chegado talvez possam ser generalizadas para o trabalho com religiosos cristãos como um todo.

Acredito que cada ser humano possui um padrão de comportamento e estilo de enfrentamento das adversidades. Como o volume de pessoas que recorrem aos meus serviços profissionais é grande, a aplicação de testes e inventários me auxilia a compreender de modo mais rápido a psicodinâmica do sujeito, tendo a possibilidade de formular um plano de tratamento adequado às demandas apresentadas e alcançando eficácia a curto e médio prazos.

Um dos instrumentos que me permitem compreender as possíveis marcas que causam entraves ao desenvolvimento pleno do indivíduo é o "Inventário de Esquemas de Young"[1]. De fácil

---

1. Este instrumento é de uso exclusivo de psicólogos.

aplicação, permite identificar de modo muito eficaz quais são as áreas que precisarão de cuidado e elaboração. O inventário ajuda o profissional a identificar os "esquemas" do sujeito. Esquemas são uma espécie de "lente", um princípio organizativo amplo que o indivíduo utiliza para compreender o mundo. Por exemplo, uma pessoa que foi negligenciada por suas figuras de cuidado na infância pode indicar através do inventário que possui um esquema de "abandono". Estes acontecimentos pretéritos certamente influenciam o modo de o indivíduo se relacionar com o mundo e com as pessoas. É possível que haja uma insegurança intrínseca ao sujeito e uma predisposição para antecipar abandonos em sua fantasia.

De modo geral, o sujeito está sempre buscando uma "coerência cognitiva", ou seja, ele sempre fará uma leitura da realidade de modo a confirmar suas crenças e esquemas. Com isso, seu comportamento pode ser desadaptativo ou disfuncional. Segundo Young (2008, p. 23), "as pessoas se sentem atraídas por eventos que ativem seus esquemas. Trata-se de uma das razões pelas quais os esquemas são tão difíceis de mudar".

Geralmente, é possível afirmar que os esquemas são tomados pelo paciente como verdades *a priori*, e isto passa a influenciar todas as suas experiências. Com isso, "paradoxalmente, levam os pacientes a recriar, inadvertidamente, quando adultos, as condições da infância que lhes foram mais prejudiciais" (YOUNG, 2008, p. 23).

As origens dos esquemas são necessidades emocionais não satisfeitas na infância. Há quatro tipos de experiências que estimulam a formação dos esquemas:

1. Frustração nociva das necessidades: por exemplo, quando uma criança sofre privação de afeto das figuras de referência.

2. Traumatização ou vitimização: a criança pode ser humilhada, ser alvo de chacotas, passar a acreditar que existe algo errado consigo a partir da conduta do outro.

3. Grande quantidade de experiências boas: isso mesmo! Ao contrário do que muitos pensam, não é só quem sofreu algum trauma que possuirá dificuldades. Uma criança que nunca tem seus desejos frustrados, que é superprotegida, que recebe um tratamento excessivamente indulgente pode ter dificuldades de tolerar a frustração ou comportar-se com autonomia.

4. Identificação seletiva com pessoas importantes que lhe causaram algum dano: uma criança que teve um pai violento pode reproduzir este comportamento, ou uma criança que foi abusada sexualmente pode vir a repetir este comportamento quando adulta.

Os esquemas possuem relação com a personalidade do indivíduo. A palavra personalidade vem do grego *persona*, que significa máscara. Assim, a personalidade relaciona-se com o modo como o sujeito se apresenta para o mundo externo. Neste esquema abaixo, representado na figura 1, Lara (2004) faz a distinção entre conceitos que facilmente são confundidos: personalidade, temperamento e caráter. Sua distinção didática nos auxilia na compreensão de que a personalidade é uma mistura complexa entre nosso temperamento (que possui componentes inatos) e nosso caráter (construído por nossas vivências e valores) e que estes dois aspectos se influenciam mutuamente.

No que se refere ao temperamento, é importante frisar que este possui influência direta sobre nosso humor:

> É importante frisar que nosso tipo de temperamento é o alicerce do nosso humor, e, por consequência, os possíveis transtornos de humor que sofremos também são compatíveis com nosso temperamento. Assim, pessoas com o

temperamento mais apimentado e dinâmico podem ter alterações de humor com franca agressividade ou euforia, o que seria mais raro em pessoas com temperamentos brandos e serenos (LARA, 2004, p. 14).

Figura 1 – Esquema da personalidade

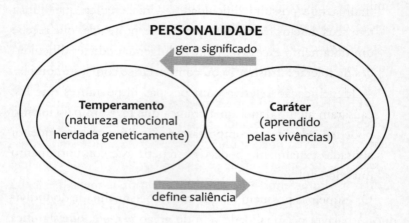

Fonte: Lara, 2004, p. 14.

Refletir sobre o temperamento é de grande valia para a compreensão dos esquemas, pois a personalidade do indivíduo, seu temperamento e seu caráter conferem a singularidade da expressão do esquema em cada indivíduo. Embora os esquemas estejam mais na ordem do caráter, uma vez que são frutos de experiências remotas, pelo caráter dinâmico da personalidade, há uma constante interlocução entre os componentes do caráter e temperamento, na complexa formação da personalidade.

Ao longo de minha experiência, passei a perceber que aqueles que se sentem inclinados ao serviço religioso costumam apresentar alguns esquemas em comum. Esses esquemas, na sua forma curta, possuem 18 componentes, podendo ser divididos em 5 domínios específicos:

DOMÍNIO I – Desconexão e rejeição: Este esquema está ligado às falhas de vinculação segura com o outro, de carinho, de estabilidade, da maternagem em geral. Os pacientes com este esquema apresentam forte dificuldade no estabelecimento de vínculos e consequentemente no de relações afetivas saudáveis. As famílias de origem costumavam apresentar traços de frieza, abuso, rejeição ou isolamento do mundo exterior. Os esquemas ligados a este domínio são os de abandono/instabilidade, desconfiança/abuso, privação emocional, vergonha, isolamento social/alienação.

DOMÍNIO II – Limites prejudicados: Os pacientes que apresentam este esquema podem ser oriundos de famílias extremamente permissivas, pois está ligado às falhas na aplicação de limites realistas, na capacidade de seguir regras e normas, de respeitar os direitos de terceiros e de cumprir as próprias metas pessoais. O egoísmo é a principal característica desses indivíduos, sendo a família geralmente permissiva. Dentro desse domínio estão merecimento/grandiosidade e autocontrole/autodisciplina insuficiente.

DOMÍNIO III – Direcionamento para o outro: Os pacientes que se encaixam neste esquema em geral são oriundos de famílias que distribuíam o afeto de modo condicional, ou seja, a criança só recebia aprovação se apresentasse determinado comportamento; deste modo, ela suprime sua livre-expressão e se comporta da maneira desejada. Com o objetivo de ganhar aprovação e evitar retaliação, os pacientes nesse domínio têm uma ênfase excessiva no atendimento dos desejos e das necessidades do outro, à custa de suas próprias necessidades. Os esquemas aqui envolvidos são os de subjugação, *autossacrifício*, busca de aprovação/reconhecimento.

DOMÍNIO IV – Autonomia e desempenho prejudicados: Os indivíduos não conseguem desenvolver um senso de confiança, de se estabelecer no mundo por si mesmos, possuindo geralmente famílias superprotetoras que, na tentativa de resguardar a criança, acabam não reforçando a sua autonomia. Os esquemas aqui envolvidos são os de dependência/incompetência, vulnerabilidade, emaranhamento/*self* subdesenvolvido, fracasso.

DOMÍNIO V – Supervigilância e inibição: Em função de uma educação rígida, repressora, na qual não houve possibilidade de expressar suas emoções de maneira livre, os indivíduos com esquemas ligados a esse domínio são geralmente tristes e introvertidos, com regras internalizadas excessivamente rígidas, autocontrole e pessimismo exagerados e uma hipervigilância para possíveis eventos negativos. Os esquemas que aqui se apresentam são: negativismo/pessimismo, inibição emocional, padrões inflexíveis, caráter punitivo.

Em um universo de 60 seminaristas, o esquema *autossacrifício* esteve presente nas testagens de 99% deles. Um percentual de cerca de 90% apresentou, além deste, também esquemas relacionados aos "padrões inflexíveis". Nos religiosos atendidos individualmente na área clínica, os resultados também são corroborados. Certamente novas pesquisas precisam ser realizadas neste sentido, uma vez que meu universo de sujeitos é limitado; contudo, aponta para uma necessária reflexão a ser feita. A partir do exposto até aqui, passamos a refletir sobre as variáveis de temperamento dos religiosos, que tendem a ser empatas, receptivos e direcionados ao outro e aos aspectos de seu caráter. São oriundos de sua história de vida, que aponta para uma tendência ao autossacrifício e padrões inflexíveis em detrimento de suas necessidades pessoais.

Capítulo II
O exercício pastoral e a solidão do presbitério

Algumas palavras sobre a Síndrome de Burnout e a depressão

> *Cansaço! Esse sentimento infinito*
> *Tomou conta de mim / De um tal jeito*
> *Eu procurei definir / É preguiça, incapacidade*
> *de seguir...*
> *Cansaço! De tentar ocupar um novo espaço*
> *Esse cansaço é físico e mental*
> *Eu ando tão desanimado / Que nada nesse*
> *mundo*
> *Me arrasta além de mim*
> (Roupa Nova. *Cansaço*)

A Síndrome de Burnout envolve tensão emocional em pessoas em razão de condições de trabalho físicas, emocionais e psicológicas desgastantes, especialmente em profissões nas quais o intercâmbio pessoal é mais profundo. O quadro de esgotamento emocional pode progredir para um estado depressivo.

A depressão, segundo a Organização Mundial de Saúde (OMS), é um transtorno mental. Para além da tristeza em função de uma frustração, a depressão pode variar de intensidade, podendo ser leve, moderada e grave e apresentar alguns destes sintomas, segundo o Código Internacional de Doenças:

Quadro 1 – Sintomas

SINTOMAS DE DEPRESSÃO	
Concentração e atenção reduzidas	Ideias ou atos autolesivos ou de suicídio
Autoestima e autoconfiança reduzidas	Sono perturbado
Ideias de culpa e inutilidade	Apetite diminuído
Visões desoladas e pessimistas do futuro	Perda de interesse e prazer em tarefas antes consideradas agradáveis

A depressão caracteriza-se por um funcionamento irregular do sistema nervoso. As células nervosas, os neurônios, se comunicam através das sinapses. Uma substância chamada serotonina passa de um neurônio ao outro, propiciando, entre outras coisas, a sensação de bem-estar. Quando a pessoa encontra-se deprimida, há uma falha na comunicação entre os neurônios e a serotonina não é recaptada pelo neurônio seguinte na proporção que deveria, causando a falta de ânimo e cansaço. Como já mencionei, a depressão pode ocorrer em diferentes intensidades e precisa ser tratada. Segundo dados da OMS, a depressão no Brasil ocupa o primeiro lugar de prevalência no *ranking* da doença entre países em desenvolvimento. Estima-se que em 2030 a depressão seja a doença prevalente em todo o planeta, à frente do câncer e outras doenças infecciosas. Infelizmente ainda há muito desconhecimento e preconceito com relação à busca de ajuda emocional, dificultando a reversão desta terrível estatística. Voltemos à Síndrome de Burnout.

Vários autores descrevem a Síndrome de Burnout de modo diferente. Opto pela definição de Herbert Freudenberger (LEAL, 2010), que nos permite visualizar os diferentes estágios de intensificação do quadro:

Quadro 2 – Evolução da doença

ESTÁGIOS	SINTOMAS
1. Necessidade de se afirmar	Ambição exagerada na profissão que leva à compulsão por desempenho. Trata-se de uma severa imposição interna.
2. Dedicação intensificada	Para fazer jus às expectativas desmedidas (internas e externas), a pessoa intensifica a dedicação e passa a fazer tudo sozinha.
3. Descaso com as próprias necessidades	A vida profissional ocupa quase todo o tempo. A renúncia ao lazer é vista como heroísmo.
4. Recalque de conflitos	Percebe algo errado, mas não enfrenta a situação, temendo deflagrar uma crise. Surgem problemas físicos.
5. Reinterpretação dos valores	Isolamento, fuga dos conflitos e negação das próprias necessidades modificam a percepção. Amigos ou passatempos são desvalorizados. A autoestima é medida apenas pelo trabalho. O embotamento emocional é visível. Há perda de energia e sensibilidade (alheamento).
6. Negação dos problemas	Torna-se intolerante, julga os outros incapazes, exigentes demais ou indisciplinados. Os contatos sociais são quase insuportáveis e, por isso, evitados.
7. Recolhimento	A pessoa vive ensimesmada, com crescente desesperança e desorientação. No trabalho, limita-se ao estritamente necessário. Muitas recorrem ao álcool ou às drogas.
8. Mudanças evidentes de comportamento	Quem era tão dedicado e ativo revela-se amedrontado, tímido e apático. Atribui culpa ao mundo e sente-se cada vez mais inútil.
9. Despersonalização	Rompe contato consigo mesmo, desvaloriza a todos e a si próprio e relega necessidades pessoais. A perspectiva temporal restringe-se ao presente, e a vida limita-se ao funcionamento mecânico.
10. Vazio interior	A sensação de vazio interno torna-se cada vez mais forte. Excede-se na vida sexual, alimentação, consumo de drogas e álcool.

→

ESTÁGIOS	SINTOMAS
11. Depressão	Indiferença, desesperança e exaustão de prostração física ou moral. Sintomas dos estados depressivos podem se manifestar desde a agitação até a apatia. A vida perde o sentido.
12. Síndrome do esgotamento profissional	Total colapso físico e psíquico. Alta incidência de pensamento suicida. É urgente recorrer à ajuda médica e psicológica.

Neste pequeno livro gostaria de demonstrar que, para além da sintomatologia da síndrome em si, há variáveis individuais que são favoráveis ao aparecimento e incremento do quadro. No processo de construção deste material tive acesso a alguns religiosos, católicos e evangélicos[2], que aceitaram contar um pouco de sua história de vida e como este quadro se desenvolveu, levando-os ao adoecimento. O nome dos colaboradores foi modificado para preservar o sigilo.

No início deste livro fiz referência ao meu trabalho clínico, como psicóloga orientadora profissional, auxiliando jovens a escolherem suas profissões. Em 20 anos de ofício, algumas vezes me pareceu particularmente complexo receber pessoas oriundas de famílias que tinham por tradição exercer determinado ofício. Assim, lembro-me de um jovem que certa vez me disse mais ou menos assim:

> Minha família disse que sou livre para escolher o que eu quiser, querem que eu seja feliz; contudo, se eu seguir a profissão do meu avô, pai e tios – advogados –, ficarão mais felizes. Eles até já me mostraram qual será minha sala no escritório e me incentivam muito a perpetuar este caminho [...] (Informação verbal).

---

2. Utilizarei o termo "evangélicos" como categoria abrangente, mesmo ciente da diversidade e de particularidades dos grupos (protestantes históricos, pentecostais e neopentecostais) que compõem este universo (MAFRA, 2001).

Muitas vezes, em paralelo com a pessoa que está realizando o processo de escolha profissional, é preciso um trabalho com a família, para que esta perceba a pressão que faz, de modo consciente ou não, para que o indivíduo trilhe o caminho de sucesso que idealizaram para ele e que infelizmente, muitas vezes, é contrário aos seus verdadeiros anseios. Este preâmbulo também pode adequar-se à vida religiosa. Não é incomum entre católicos que o vocacionado queira seguir o ofício de um tio padre, ou que tenha outros parentes que já caminham na vida religiosa. Do mesmo modo, no meio evangélico, há em algumas famílias a tradição de vários filhos pastores, seguindo o modelo de um patriarca. Sempre temos pessoas que nos inspiram à escolha profissional; contudo, não podemos perder de vista que o jovem pode estar mais suscetível a fazer uma escolha precipitada e/ou apaixonada e vir a decepcionar-se com o ofício posteriormente.

Pedro, 49 anos, protestante de filiação congregacional, hoje não pastoreia mais em virtude da Síndrome de Burnout. As interferências familiares em sua escolha são visíveis:

> Nasci em uma família cristã evangélica, e meu pai já era pastor. Desde a infância sempre estive envolvido na igreja, exercendo diversas atividades. No início da adolescência me converti a Cristo e estive envolvido com música até a juventude. Durante todo esse tempo ser filho de pastor nunca foi um peso, mas sentia que as pessoas ora manifestavam um certo respeito, ora manifestavam suas cobranças, mas nunca tive (nesse período) crises por causa disso. Com 24 anos, decidi ir para o seminário. Achava que tinha competência para pastorear e queria sinceramente alcançar alguns sonhos que tinha para a igreja. Me importava muito com as necessidades das pessoas e achei que esse era o caminho para ajudá-las (Informação verbal).

Segundo Pereira (2012), o sofrimento psíquico do religioso pode começar quando há a percepção da discrepância entre a realidade idealizada, em que a finalidade última é ajudar as pessoas, e a realidade de fato, na qual entraves institucionais e burocráticos são apresentados. Assim, o descompasso entre vocação e realidade pode anunciar-se trazendo um primeiro impacto negativo ao religioso. Seguem alguns aspectos destacados por Pereira (2012) sobre o clero, que podem aplicar-se em alguns aspectos aos evangélicos:

Quadro 3 – Aspectos motivacionais

MOTIVAÇÕES VOCACIONAIS	PROBLEMAS ATUAIS
Vida austera, simples, ajuda ao próximo, conhecimento das coisas e proximidade com Deus, com Jesus e o povo.	Perda da respeitabilidade pela figura do padre. Secularização da sociedade. Reduzida participação de leigos na Igreja.
O profundo desejo de realização pessoal no encontro com Deus. Sede do transcendente, desejo de santidade e amor ao próximo.	Falta de entrosamento entre os presbíteros. Relacionamento ruim entre padres e religiosos. Relação competitiva entre os pares.
Necessidade de ir ao encontro do outro, desejo de servir.	Sobrecarga na questão administrativa, na administração econômica e funcionários.
Desejo de anunciar a Palavra de Deus a todos os povos de modo consciente e responsável.	Desistência de amigos próximos no ministério presbiteral, gerando perplexidade e insegurança.
Vontade de consagrar a vida a Deus, na inteira disponibilidade de amar e servir.	Dificuldade em lidar com a dimensão afetiva/sexual. Dificuldades para pedir ajuda.

José, de 33 anos, padre católico, comenta que ainda no seminário começou a perceber elementos acerca da realidade diferentes do que idealizava e chama atenção para a necessidade de se humanizar a vocação, pois muitas vezes o jovem empolgado com a conversão/

vocação tende a minimizar questões humanas que estarão diretamente ligadas ao seu desempenho como líder religioso no futuro:

> Meu primeiro choque foi perceber que os padres, o seminário e tudo o que diz respeito ao mundo religioso não era tão "santo" como pensava. Outra questão foi perceber que a vida religiosa era mais intensa e complexa do que imaginava. Um último contraponto que faço diz respeito à valorização da humanidade. Nunca imaginei, antes do seminário, que as questões humanas, do passado, seriam tão importantes. Acabei sobrenaturalizando muito a vocação e com o passar do tempo vejo a necessidade de reforçar as questões pessoais/particulares/humanas (Informação verbal).

Pedro vivenciou esta dicotomia mais adiante que José, já na vida pastoral. Pedro concorda que este descompasso entre o idealizado e o encontrado foi determinante para sua relação com o ofício pastoral modificar-se:

> Em meus melhores sonhos a igreja era um lugar simples, de pessoas simples e piedosas, cuja liderança trabalhava para atender às necessidades das pessoas e pregar o Evangelho. Tudo correu muito bem até a igreja começar a crescer e as exigências sobre mim começarem a aumentar. A partir daí a realidade foi se transformando. A igreja ficou um lugar pesado, com reuniões e exigências administrativas sem fim. Comecei a passar muito tempo envolvido com essas demandas, e os conflitos também aumentaram, o que me levou a ter que cuidar de questões pequenas (para não dizer ridículas) entre pessoas adultas. Eu queria cuidar de pessoas, comecei a me perguntar: É só isso? Isso é pastorear? E comecei a ficar seriamente incomodado. Pesava também minha tendência a me cobrar muito. Tudo tinha que ser muito correto, muito perfeito, especialmente o que eu fazia (Informação verbal).

Pedro destaca muitos aspectos importantes em seu relato. O primeiro deles é que, apesar de ser filho de pastor, ainda assim idealizava uma realidade diferente da que se apresentava. A dificuldade com as exigências administrativas tem sido um relato comum entre padres e pastores. Neste mesmo sentido, Tiago, 47 anos, pastor da Assembleia de Deus, acrescenta:

> Sempre amei cuidar de pessoas, dar conselhos, dar aulas de música, mas, quando assumi, percebi que não era só isso. Toda responsabilidade estava sobre mim. Havia uma dívida de IPTU de seis mil reais... A igreja não era legalizada, o prédio não era próprio. A cobrança das pessoas para que eu resolvesse tudo: as crises nas famílias que eu era chamado para atender, políticos que vivem nos procurando para formar alianças, traições, ingratidão, minha esposa me cobrando, minha filha ficou doente... Meu Deus: entrei em crise! Às vezes ia chorando para a igreja. Os escândalos de pastores famosos que fazem com que as pessoas achem que somos iguais a eles. Não conseguia dormir, queria ficar sozinho o tempo todo. Fiquei dois anos desempregado, não tinha disposição para sair de casa... foi horrível. Cheguei a pedir a morte (Informação verbal).

Tiago traz informações sobre as dificuldades administrativas, familiares, pessoais e comenta sobre a generalização e a comparação injusta que sofrem com religiosos que se envolvem em escândalos. Este é um aspecto importante tanto no meio católico quanto no evangélico. Cada situação de crise envolvendo religiosos os atinge duplamente: interna e também externamente pela tendência à universalização de padrões de comportamento, vulgarizando a figura do religioso.

Voltemos às questões administrativas. Padre Felipe, 33 anos, padre católico há menos de três anos, viu-se atônito ao assumir uma paróquia repleta de problemas financeiros e administrativos, sendo responsável, além da matriz, por mais seis capelas. Quando ingressou em tratamento psicológico comigo, dizia-se tão cansado, que olhava o celular tocar e não tinha sequer ânimo de atender. Contou-me que sua vida de sacerdote começou com os seguintes desafios:

> Ao chegar nessa paróquia, me deparei com várias situações: uma paróquia carente, com falta de recursos, às vezes até para manter a estrutura. A casa paroquial estava com problemas nas estruturas, e juntamente com um conselho técnico percebemos que teríamos que sair da casa e construir uma nova. Em relação aos funcionários, dois funcionários queriam ser mandados embora, e era uma vontade minha também, mas não tenho condições financeiras para isso. Uma dessas funcionárias toda hora entrava com atestado médico... Um outro fator de preocupação eram justamente as comunidades que tinha. De seis capelas, duas estavam decadentes, quase caindo, outras necessitando de obras. E tudo isso sem dinheiro para poder realizar algo. Todos esses fatores são motivos de estresse, preocupações, tendo em vista que existe cobranças das pessoas e não tenho meios para gerenciar tais cobranças (Informação verbal).

Padre Felipe arremata a argumentação, remetendo ao que já foi levantado em relação à expectativa do que seria ser sacerdote e a realidade em si. Para além da celebração eucarística, é um trabalho denso, complexo e exigente:

> A vida sacerdotal é muito exigente, pois o padre não se preocupa apenas com o culto religioso. Existem outros encargos que consomem a vida do sacerdote: a administração, o lidar com os funcionários, com os traumas das pessoas, com as nossas próprias limitações. Neste sentido, vários sentimentos se apresentam, principalmente quan-

do você não consegue dar conta de todas as exigências. Sentimento de frustração, desânimo, cansaço [...] (Informação verbal).

Além disso, Felipe argumenta também que alguns fiéis cansam o religioso com situações que deveriam ter autonomia para resolver sozinhos:

> Eu estava esgotado, tratando de uma festa paroquial, de uma obra emergencial que surgiu e tinha paroquiano me procurando para saber se poderia mudar um banco de lugar. É esperado que as pessoas tenham autonomia para resolver estas pequenas questões sozinhas (Informação verbal).

Neste mesmo sentido, Paulo e Tiago apontam para uma cobrança pela onipotência do líder. Conforme os aspectos abordados no capítulo anterior, percebemos que o religioso, de modo geral, também tende a imprimir sobre si uma cobrança de grande magnitude. Muitas vezes, a tendência a centralizar ações e a resolver todas as demandas os leva ao sentimento de que estão sendo chamados a lidar com "situações ridículas", conforme expressou Pedro. Estes relatos me fazem rememorar uma crônica de Rubem Alves, do tempo em que pastoreava:

> Por amor à causa, já se havia resignado a quase tudo. Que pensassem que ele era pau para toda obra e o chamassem para apartar briga de marido e mulher, para dar conselhos a maridos que gostavam mais de beber cerveja e pitar escondido que de ler a Bíblia, que o convocassem para fazer oração em festinhas de aniversário em que se serviam biscoitinhos e refrescos de groselha, que fosse arrancado da cama no meio da noite para acalmar loucos em crises de fúria, que tivesse de fazer prodígios para dissuadir pessoas desesperadas de gestos tresloucados, e que até convocassem a kombi, e ele como motorista, para ajudar paro-

quianos em mudança de casa – tudo isso ele engolia com resignação, como quem bebe remédio amargo. O que não aguentava mesmo é que pensassem que ele era especialista em defuntos, que fora para isso que ele estudara cinco anos no seminário [...] (ALVES, 2009, p. 197).

Alves prossegue contando que certa vez foi chamado ao hospital para fazer uma oração de sepultamento de uma perna que havia sido retirada.

> É o reverendo? Perguntara-lhe a vozinha feminina do outro lado da linha. "Sim", respondeu solene, como convém a um servo de Deus. "Aqui é do hospital. Tem uma perna aqui para ser enterrada. Será que o senhor pode vir buscar ela com a kombi?" A mocinha não podia imaginar o estrago que suas inocentes palavras podiam fazer no orgulho de alguém (ALVES, 2009, p. 198).

Alves prossegue a narrativa do enterro da perna em minúcias, levando o leitor ora às risadas, ora à perplexidade frente às situações cotidianas a que um religioso "pau para toda obra" é convidado e se sente impelido a viver. Como é uma obra biográfica, o autor partilha muitas outras histórias e fala de modo poético do cansaço que o levou a romper com o pastorado. Na ocasião da construção de minha tese de doutorado, tive a oportunidade de entrevistar um amigo pessoal de Alves, que discorreu sobre o mesmo cansaço. No caso dele, o cansaço não ocorria tanto em função das situações incomuns do cotidiano, mas em virtude da estrutura hierárquica inflexível da instituição em que pastoreava. Segundo o seu relato, ele cansou-se da burocracia e de ser vigiado todo o tempo na denominação a que pertencia, o que provocou, ao final de vários anos, seu trânsito para outra igreja evangélica:

> Em primeiro lugar, as igrejas protestantes são diferentes em peculiaridades. Na doutrina elas são muito semelhan-

tes; têm os seus históricos... eu vou resumir em uma palavra: eu saí da igreja X pela falta de tolerância. A igreja X, no final, nesses últimos dez anos, vem se descaracterizando daquilo que era. [...] Você não pode fazer uma celebração ecumênica que você é processado dentro da igreja, você não pode ceder o púlpito da sua igreja para outro que não seja de lá. E eu cansei desta mentalidade, mas não só pelo fato de combatê-la, porque a igreja X não era assim; mas por quê? Porque a maioria ou a liderança que está produzindo este tipo de mentalidade dentro da igreja X ainda se tornou uma liderança persecutória; ela persegue as pessoas. [...] Mas a igreja X veio se tornando uma igreja, progressivamente, intolerante e invasiva na vida das pessoas. Então, esse negócio da liberdade de consciência que é uma marca protestante forte, a liberdade de pensamento... isso foi acabando dentro da igreja X. E aí, eu cansei da intolerância da igreja. [...] Eles abriram um grande processo contra mim, mas nenhum deles foi adiante porque não tinha nada que nenhum deles pudesse fazer.

LUCIANA – Quais eram as acusações?

PASTOR Pedro – Acusação de erguer o cálice na ceia. Imagina que coisa mais tola [...]. De fazer celebração com padre. Você conhece Rubem Alves? Rubem Alves é meu amigo e ele é de origem protestante X. Eu levei o Rubem Alves para pregar na minha igreja e eles me processaram. Esta é a igreja X [...]. Aí, saí para a igreja Y (CAMPOS, 2013, p. 120).

As questões hierárquicas e burocráticas afetam os religiosos tanto no meio católico como no evangélico. Se o Padre José percebeu que os padres não eram tão santos, a religiosa Ana, 51 anos, missionária católica, acha que a estrutura religiosa interferiu na própria percepção de simplicidade que tinha sobre a vida consagrada, levando-a também a uma vivência distanciada do que idealizava: "A simplicidade e humildade vivida fora do convento perde-se um pouco quando se entra no convento. A estrutura e a burocracia fazem-nos perder um pouco nossa originalidade". Além dos fatores expostos acerca da rigidez e da hierarquia, das exigências administrativas, da diferença entre o idealizado e o vivido, vale uma breve colocação sobre a mudança do lugar da religião no mundo moderno. Os sociólogos da religião vêm apontando que a religião, que em tempos remotos foi estruturante da subjetividade e ocupava lugar central no cenário social, hoje vem sendo desprestigiada em um mundo secularizado. Certamente, estas modificações alcançam a representação social que se faz dos religiosos, podendo incrementar seu estresse:

> Perceberemos que as formas de religiosidade associadas ao individualismo moderno podem favorecer uma singularidade de crenças individuais, denominadas por Hervieu-Léger (2008) como "bricolagem de crenças". Tal fenômeno se expressa através da difusão da religiosidade, propiciando sínteses, relativizações, numa espécie de "Religiões à la carte" (p. 25). A bricolagem indica ainda a passagem de uma religião "instituída" para uma religião "recomposta". Assim, uma característica central da Modernidade seria a subjetivação das crenças. Hervieu-Léger (2008) opõe a figura do convertido, do praticante que possui uma prática institucional, comunitária e estável à figura do peregrino, que possui uma prática móvel, autônoma e individual. O peregrino cristaliza a mobilidade e suas operações de bricolagem; permite ajustar suas crenças às particularidades de sua existência (CAMPOS, 2013, p. 28).

São várias as situações que conduzem o líder ao sentimento de frustração e cansaço. Para além das demandas institucionais, o próprio comportamento dos fiéis, ou seja, a dependência excessiva do líder, pode mobilizar negativamente este. Veja o relato do Pastor João, 64 anos, há 18 como pastor evangélico:

Nos deparamos com seres humanos em uma grande maioria refratários a mudanças, com almas doentes e resistentes a mudanças. Em razão disso, além de criarem uma dependência muito grande do líder, quase sempre o hostilizam, quando suas aspirações fracassam, quando seus pontos de vista não são aceitos.

Como consequência disso, deparamo-nos com pessoas transitando entre a fé e seus caprichos pessoais. Acreditam em Deus, seguem Jesus, quando estão em necessidade imediata; e na mesma proporção, afastam-se dele quando parece estar tudo bem, ou quando não são contemplados em seus interesses. Dessa maneira, isso causa uma sobrecarga de frustração no líder, que se vê na maioria das vezes fracassado por não haver podido fazer mais, como aquela pessoa queria.

Líderes frustrados, rebaixados à condição do nada, por não conseguirem realizar o que o desejo humano pleiteia.

Toda vez que alguém no qual o líder investe todo um tempo, muitas horas da noite e do convívio familiar o abandona ou lhe demonstra infidelidade voltando-lhe as costas, traz um abatimento e a frustração aumenta cada vez mais. Em resumo, o líder é sugado, requerido, exigido. Doa, morre e nada recebe em troca. Mesmo sabendo, pela fé, que sua recompensa está em Deus, como humano, sempre espera uma recompensa na terra, por parte das pessoas a quem ele devotou sua vida ou parte dela (Informação verbal).

O Pastor João traz a dimensão da empatia[3] para a reflexão. O melhor modo de definir empatia é se colocar no lugar do outro, visualizar a situação do ponto de vista do outro. Como vimos no capítulo I, os chamados à vida religiosa são intrinsecamente empatas.

---

3. Del Prette (2011, p. 116) destaca três componentes da empatia: o Cognitivo (adotar a perspectiva do outro), o Afetivo (o sentir com o outro) e o Comportamental (expressar a compreensão em relação às dificuldades do outro).

Muitas vezes, quando o líder percebe que a empatia emprestada ao outro não é aplicada também a ele pelos fiéis, pode haver sofrimento.

A Pastora Déborah, 45 anos, há nove anos pastora, também queixa-se de algo parecido com o relato do Pastor João, asseverando que nem sempre os fiéis a quem se dedicaram com muita intensidade apresentam reconhecimento:

> Deus fala do chamado, Ele não conta como vai ser o caminho, espinhoso, senão acabaríamos desistindo antes de nos envolver. Começamos muito felizes e motivados, somos ingênuos, achamos que vamos pregar a Palavra, e, mesmo que as pessoas resolvam ir embora, vão reconhecer o nosso carinho e dedicação. A realidade é difícil, porque ninguém nos contou que "não poderíamos ser amigos" de nossas ovelhas, teríamos que ser mentores, manter a distância de segurança e respeito e, com isto, a nossa carência muitas vezes nos levou a decepções profundas. Se Jesus foi rejeitado, por que não seríamos nós também se falamos em nome dele?
>
> Nosso reconhecimento vem de Deus, essa precisa ser a verdadeira motivação da pessoa que se dedica ao ministério: fazer a vontade do Pai. Aqui deve estar a nossa alegria.
>
> Os líderes precisam ter a consciência de que "somos solitários", quando se trata de abrir o coração.
>
> Hoje aprendemos a compartilhar pensamentos com o cônjuge e excepcionalmente com os "iguais" de ministério.
>
> Neste processo, Deus vai nos fortalecendo: devemos crescer para baixo, raízes, e depois para cima. A nossa luta é espiritual e, quando não há motivo, o diabo inventa, por isso o distanciamento é essencial para um relacionamento saudável na Igreja (Informação verbal).

Rejeição, solidão, traição, distância... O trabalho pastoral, tanto no meio católico como no evangélico, é tão intenso quanto solitário. Infelizmente, quanto mais imerso na vida religiosa, menos interlocuções com amigos externos àquele meio tendem a ser mantidas, remetendo a uma solidão ímpar e que pode auxiliar no adoecimento. O "distanciamento necessário" destacado por Déborah tanto pode ser um mecanismo de proteção como de fragilização. A ausência de vida social para além do ambiente religioso pode significar ainda solidão na vida do líder.

Outro ponto que merece ser destacado refere-se à reduzida ou ausente dimensão para atividades prazerosas. Na entrevista semiestruturada[4], perguntei aos líderes sobre o quantitativo de tempo reservado por eles para o lazer semanalmente. Sobre a ausência de lazer, o Pastor Paulo, 51 anos, 21 anos como Pastor, diz:

> Não tenho período de descanso, tendo em vista que trabalho de segunda a sábado em minha imobiliária. Domingo é dia de estar envolvido na igreja... Às vezes, descanso num sábado à tarde. Infelizmente, não tenho esse período de lazer... Quando posso, vou à praia dar um mergulho (Informação verbal).

Pastor Paulo chama atenção para duas diferentes e importantes questões. A primeira diz respeito à diferenciação necessária entre descanso e lazer. Muitos trabalhadores acreditam que dispõem de tempo destinado a lazer e descrevem que o fazem dormindo até tarde, nos finais de semana. Contudo, eles referem-se ao descanso. Lazer é algo da ordem do entretenimento e do lúdico, e muitas vezes esta é uma dimensão esquecida não só por religiosos, mas por trabalhadores em geral.

Com relação ao descanso, creio que seja esta uma dimensão que merece ser repensada desde a formação do religioso. Recordo-me que certa vez um seminarista, hoje padre, me disse que o seminário

---

4. Veja Anexo I.

disponibilizava uma tarde na semana para o descanso. Nesse período era recomendado que marcassem médicos e/ou resolvessem questões pessoais, que não poderiam ser feitas durante os outros dias da semana. Deste modo, o tempo de descanso era revertido para outras coisas. Aos fins de semana, estavam envolvidos com trabalhos pastorais, de modo que apenas nas férias anuais tinham a oportunidade de descansar, quando estavam com a família. Ao fazer esta colocação, o seminarista finalizou: "A CLT não prevê um descanso semanal? Se o trabalhador normal tem direito a isto, por que razão o seminarista não pode ter?" Esta lembrança me faz refletir que precisamos cuidar para que o esgotamento emocional dos religiosos não comece na própria formação.

Retornemos aos religiosos. A segunda questão importante levantada pelo Pastor Paulo refere-se, no caso do pastor evangélico, à permissão que algumas denominações conferem aos pastores de ter um ofício concomitante ao pastorado. De certo modo, este ofício paralelo, ao mesmo tempo que pode ser uma fonte a mais de estresse, pode também conferir a possibilidade de uma alternativa, caso ocorra em algum momento uma ruptura com o ofício pastoral. Na ocasião de meu doutoramento, muitos religiosos citavam o quão doloroso era ter investido por longos anos em um caminho e posteriormente não ter nada em mãos, sendo obrigado a recomeçar do zero após certa idade:

> Aos 28 anos de idade eu recebi esse convite para ganhar três vezes menos o que eu ganhava naquela época e aceitei sem pensar duas vezes. Fui chamado ao ministério pastoral para administrar a igreja local; então eu tinha que me dedicar em horário integral, porque competia a minha responsabilidade de ser o administrador da igreja local. E não muito tempo depois apareceu o projeto de um trabalho a ser desenvolvido em Petrópolis, e aí eu fui enviado para

realizar esse projeto em outra cidade. Foi uma cidade difícil de viver. Nós ficamos praticamente ali dez anos, tentando fazer decolar o projeto de uma igreja local que não decolou. Alimentados por um idealismo absolutamente lindo, até por conta da ingenuidade que nos caracterizava. E nós fomos levando esse querer fazer por praticamente dez anos! Foi ótimo; a igreja era muito pequenininha, mas era uma delícia, eu conheci pessoas brilhantes ali, só que a gente cansa [...]. No Livro dos Provérbios, não me lembro agora o capítulo e o versículo, diz: a esperança que muito se adia faz adoecer. Clarice Lispector diz "esperança é adiamento". Só. E eu vivi por muitos anos essa experiência com o adiamento, algo que nunca acontecia, e eu fui cansando (CAMPOS, 2013, p. 140).

O Pastor Pedro relatou a mesma situação ao fazer uma entrevista para ingressar em uma instituição, após romper com uma atividade pastoral de 20 anos pelo adoecimento emocional: "O entrevistador me perguntou ao olhar o meu currículo: Mas o senhor não fez nada após sair da faculdade? E eu disse, sim, eu era pastor, eu fiz muita coisa, mas para o senhor não representa nada, não fiz nada [...]".

A profissão, contudo, segundo o Ministério do Trabalho, não é oficial[5], ficando a dúvida se o pastorado é uma ocupação ou uma profissão. Alves (2004, p. 162) analisa a problemática levantando a seguinte questão:

> O pastor tem um seriíssimo problema a resolver: a sua própria sobrevivência. Ao contrário do padre, celibatário, cujas decisões afetam somente a ele, o pastor, via de regra, traz consigo mulher e alguns filhos. Esse é o primeiro fato a ser notado. Em segundo lugar é necessário compreender que a instituição preparou seus servidores de for-

---

5. Veja Anexo II ao final do livro.

ma cuidadosa. Exigia deles "dedicação exclusiva" ao rebanho e aos problemas do céu. Pastores que se preparavam para atividades seculares eram considerados como homens de fé pequena e integridade questionável. Mas o que significava esta "dedicação exclusiva"? Significava que o pastor deveria ser um homem sem alternativas. Homens sem alternativas tendem a ser fiéis aos seus superiores [...]. Sem votos de lealdade monástica, o pastor estaria condenado, para sempre, à Igreja, pois ela é a única instituição em que seu saber pode ser transformado em salário (CAMPOS, 2013, p. 111).

Pastor Pedro, que vivia exclusivamente do ministério, tinha suas folgas semanais estabelecidas na segunda-feira, mas possuía dificuldades para desfrutar delas:

Eu queria colocar uma bermuda e ir à padaria, mas tinha receio de encontrar as pessoas. Tinha medo do que iam pensar. Segunda é dia de todo mundo começar a trabalhar e eu estaria ali, de bermuda.

Iam dizer que eu não trabalho. Ali o pastor, sem fazer nada, e de bermuda! Iriam dizer (Informação verbal).

Pedro revela um nível autocrítico severo, o que contrasta com a contribuição do Padre Jonas, de 49 anos, que nos chama atenção para a dimensão em que lazer e evangelho se cruzam:

Este é um ponto que nunca foi realmente resolvido em minha caminhada vocacional, e a dificuldade foi fruto muitas vezes de um acúmulo de funções de grande responsabilidade. No entanto, tenho procurado trabalhar melhor essa necessidade. Lazer é fundamental, tempo para sair da rotina, para relaxar; é também meio de evangelização e de preparo da missão. Se ficamos mergulhados o tempo todo nos problemas e nas decisões diárias, não conseguimos garantir mais a sensibilidade necessária para, verificando "de fora" os acontecimentos, encontrar outros rumos, novas soluções. Assim, "ter um tempo" para nós mesmos é também cuidar de nossa própria missão e zelar por aqueles que nos foram confiados. Consciente disso, nestes últimos anos busquei preservar ao máximo um dia na semana, para nós, tradicionalmente, a segunda-feira, de forma a fazer alguma atividade de que goste, e ainda poder conviver com amigos e família mais de perto e de forma mais relaxada (Informação verbal).

Excesso de atribuições e muitas vezes a tendência à centralização podem ser ingredientes fatais ao adoecimento. A maior parte dos nossos entrevistados revelou tendência à centralização das ações. Pedro explica sua necessidade de centralizar do seguinte modo: "Eu era pago para fazer, então não conseguia 'dar trabalho' para os outros facilmente". Padre Jonas acredita que saber delegar é tarefa da liderança:

> Acredito ser essa a postura do verdadeiro líder. Sem deixar de acompanhar os passos de cada um, e tendo a consciência de que é o responsável primeiro por aquilo que é realizado, o líder precisa saber descentralizar o trabalho, reconhecendo que não sabe tudo, não é especialista em tudo, e que em grupo as coisas podem ser redimensionadas e melhor planejadas/executadas. Além disso, seria impossível a qualquer um procurar controlar todas as coisas ou ser onipresente. Na verdade, não é forma de fazer Igreja, de ser Igreja. A Igreja supõe participação de todos, ministros ordenados e leigos em geral; ou não faria sentido. Uma Igreja que não ouça a todos, que conheça e contemple as diversas realidades, que não tenha sensibilidade diante das diferenças e das situações com que dialoga não cumpre o seu papel, não exerce a missão a que foi chamada pelo Senhor (Informação verbal).

Além da dificuldade em delegar, a maior parte dos entrevistados também mostrou uma grande dificuldade em ser assertivo.

Somando excessiva autocrítica, pouca assertividade[6], dificuldade de delegar tarefas, tendência ao autossacrifício exagerado e pitadas de perfeccionismo, e temos uma receita infalível para o adoecimento. Das dez pessoas entrevistadas para este livro, oito fazem ou fizeram uso de remédios controlados. Metade destas, além de acompanhamento psiquiátrico, também faz acompanhamento psicológico. Oito já apresentaram pelo menos um episódio de depressão e metade apresentou síndrome do pânico.

De todos os casos deste livro, sem dúvida o caso de Pedro foi o mais severo. A Síndrome de Burnout instalou-se, tendo-o levado a romper com a atividade de pastor evangélico:

> Sim, [foi] em 2013... Desde então faço terapia com psicólogo e acompanhamento médico com psiquiatra. Sentimentos: tédio, não me sentia disposto para fazer qualquer coisa, aversão profunda a qualquer coisa relacionada à Igreja ou ao ministério pastoral (como visitas, pregações etc.), cansaço, vontade de chorar, medo de pessoas, ceticismo, tristeza, depressão, angústia, ansiedade, sensação de inutilidade, baixa autoestima, vida sem valor, desânimo, irritabilidade, impaciência, intolerância. Fazer um diário me ajudou a identificar essas coisas. [...] Não pretendo voltar a pastorear uma igreja e decidi mudar de atividade, tanto na vida pessoal como na profissional. Não consigo mais usar "roupa de pastor", fazer coisas de pastor, ou encarar auditórios, e carrego uma intolerância quase incontrolável com as coisas de igreja. Não pretendo abandoná-la e sei que a culpa não é dela, mas hoje me sinto um "peixe fora d'água" (Informação verbal).

Pedro, hoje, aos 49 anos, vive o desafio da recolocação profissional. Não pretende deixar a Igreja como fiel, mas está fora

---

6. O conceito de assertividade será tratado no capítulo III deste livro.

de cogitação assumir qualquer tipo de liderança. Como vimos no início deste capítulo, a Síndrome de Burnout possui gradações, e muitas vezes, quando o religioso busca ajuda ao enfrentar os primeiros sinais de esgotamento, o quadro pode ser revertido, como afirma o Padre José: "Muitas vezes, sinto um cansaço excessivo, acompanhado de sonolência e dores de cabeça. Da mesma forma, manifesto certa agressividade/mau humor". Segundo ele, estes sintomas, em maior ou menor intensidade, estão presentes desde a época do seminário e, desde então, ele busca ajuda psicológica:

> [Fiz] Terapia já por quatro vezes: duas como seminarista e duas como padre. Faço tratamento de ansiedade há três anos com acompanhamento de uma neurologista e com uso de medicação. Já fiz um tratamento semelhante há 13 anos e que não durou um ano (Informação verbal).

Além da vulnerabilidade pessoal ao adoecimento emocional, em razão dos esquemas, devemos levar em conta que a vida religiosa cobra uma vida à imagem e semelhança de Jesus, o que necessariamente faz com que os envolvidos nesta missão se lancem de modo apaixonado para a obra evangelística e custem a perceber quando este nível de doação excedeu o razoável. A ex-religiosa Maria, 36 anos, explica: "Fui totalmente atraída para vivência radical do Evangelho e da vida de adoradores do Santíssimo Sacramento. E estava disposta a pagar qualquer preço para viver o caminho a que meu coração era atraído".

Maria vivenciou a radicalidade da pobreza, conforme o carisma missionário que abraçou. Emagreceu severamente, literalmente "passou fome" e, após oito anos como liderança, sua doação plena à causa reverteu-se em sintomas: "Tive um esgotamento físico, psíquico e mental. Fiquei sem dormir, esquecimentos, ansiedade, chorosa, agressiva em palavras..."

O Pastor Paulo diz que, apesar do cansaço, entende que o sofrimento do religioso é algo inerente à caminhada: "Eu nunca fui sonhador e nunca pensei diferente do que vivo. Ministério é lugar de sangrar e a recompensa não é aqui e agora. Sei que meu trabalho também não é vão no Senhor".

O Pastor Moisés corrobora este ponto de vista: "Apesar de todos os pontos negativos, de toda insatisfação que tenho por não receber por parte dos que são ajudados a resposta de satisfação, como Jesus Cristo, eu faria tudo de novo, se preciso fosse". No mesmo sentido, o Pastor Tiago argumenta: "Luciana, talvez alguém pergunte: Mas se é tão difícil, por que você continua? Tenho experiências maravilhosas com Deus. Ele existe e percebo isto em coisas simples. Amo minha esposa, filha, amigos e comunidade. Amo Deus!"

Mesmo diante dos desafios diários, apenas dois, dos dez entrevistados, romperam com a vida religiosa. Os que permaneceram procuraram ajuda profissional e buscaram reorganizar sua rotina, indicando um bom nível de satisfação com a vida religiosa. Padre Jonas acredita que a tendência ao autossacrifício existe e há modos de ser vivenciada de maneira a não conduzir ao adoecimento:

> Certamente esta tendência existe, mas novamente acredito que faz parte da caminhada do verdadeiro cristão. Só precisa ser feito de forma prudente, sem descuidar da saúde, o que inclui não apenas ter os momentos para se alimentar, se exercitar, se possível, ir ao médico, mas também ter lazer, conviver com amigos, com a família... Por isso, sem deixar de cuidar da própria vida, dom de Deus, precisamos "nos gastar" pelo Senhor, e isto inclui sacrifícios pelos irmãos. E um sacerdote tem isso como parte inerente e profunda em sua missão. Deve ser o primeiro a se sacrificar, porque, ao exercer o ministério, age "in

persona Christi", e Cristo não fez outra coisa senão se entregar por todos... Além disso, em todos os momentos, ainda que agindo para além dos sacramentos, é referência, é exemplo, é sinal de busca de santidade para os demais fiéis (Informação verbal).

Capítulo III
Possíveis caminhos

Um dia desses pela manhã eu abri a janela do meu quarto e vi, na calçada do outro lado da rua, uma pequena flor amarela, simples, bonita e solitária. Apesar de ter sido criada pelo mesmo Deus de todas as outras, apesar de ser biologicamente igual a todas as outras, apesar de depender do sol, da chuva e dos ventos como todas as outras, e apesar de ter vida como todas as outras, provavelmente não valerá o que muitas outras valem. Por ter nascido livremente na calçada e não ser rara, não pagarão um centavo por ela. Na verdade, apesar de estar ali, provavelmente pouca gente vá notar sequer sua existência. Ela não é espetacular, não é excepcional, não é extraordinária, não é exclusiva. Não sei se já notou, mas estamos cada vez mais tratando as experiências e coisas ordinárias (no bom sentido da palavra: "Aquilo que é de todos os dias; regular; frequente, não raro; habitual; comum") como algo de segunda categoria. Muitos fazem isso com seus bens materiais, com o lazer, com as pessoas, com a igreja, com a vida devocional (ou interior), ou com o culto (devoção). Como resultado dessa forma de enxergar as coisas, precisam de doses cada vez maiores de tudo, desde o jogo até o louvor do culto de domingo.

Leia o que Eugene Peterson diz em seu livro *A vocação espiritual do pastor*: "O trabalho pastoral consiste em tarefas modestas, diárias e determinadas". Eu vou humildemente acrescentar que o que sustenta de verdade a vida espiritual de um cristão são as coisas modestas, diárias e determinadas, e não o extraordinário. Às vezes tenho a desconfiança de que Deus se entristece com nossa insistência em não valorizar o cotidiano. Como um pai que dá um presente para o filho e, pouco tempo depois, o vê entediado com ele, Deus deve se sentir desprestigiado quando ouve nossos pedidos insistentes por novidades ou por coisas fantásticas.

Muitas igrejas não são mais medidas pelo seu compromisso sério com o ensino das Escrituras, mas pela quantidade de milagres e de coisas extraordinárias que realizam. Muitos pastores não são mais medidos pelo pastoreio, mas pela capacidade de promover coisas espetaculares e não são apenas eles: pais, mães, maridos, esposas, filhos, profissionais e até amigos sofrem a mesma pressão.

Eu declaro para os devidos fins: Estou fora. Fiz minha opção pelo pastoreio do dia a dia, e pelo crescimento pessoal que vem das coisas cotidianas sem me privar das extraordinárias. Somente o necessário (Mogli, o menino lobo) é muito bom, e o extraordinário (que é demais) também pode vir, mas não quero deixar de apreciar as flores das calçadas.

Fernando Brant estava em Diamantina e "da janela lateral do quarto de dormir" viu uma igreja e um cemitério (Sério? Fez música olhando para um cemitério?) e fez uma letra inesquecível musicada por Milton Nascimento. Eu peço autorização para, da janela lateral do meu quarto de dormir, apreciar a plantinha de flores amarelas que ainda insiste em viver na calçada do outro lado da rua.

Obrigado, Deus, por essa plantinha! Ela me ensinou como é boa e bela a vida que o Senhor nos deu.

Este belo texto foi escrito pelo (ex)Pastor Pedro. É admirável sua coragem de ter chegado a um estado tão extremo de adoecimento e buscar ajuda. Além disso, seu exercício de reinvenção cotidiana de si nos inspira. Pedro escolheu estar fora do ministério. Fez sua opção pela vida tal qual a "flor amarela". Auxiliar pessoas a encontrar novos e significativos caminhos é algo que me mobiliza. Sempre que um padre ou um pastor rompe com esta trajetória como liderança, sinto-me pessoalmente inclinada a auxiliar nesta redescoberta de como será este novo caminhar. Contudo, quem não cogita retirar-se desta missão também precisa ser auxiliado. Nas palestras que tenho proferido sobre o adoecimento emocional dos religiosos, a demanda principal costuma ser pela busca de aconselhamento sobre como prevenir este quadro ou tratá-lo, caso este já tenha se instaurado. Assim, este capítulo final busca oferecer alguns caminhos preventivos para que o religioso não entre em sofrimento extremo.

Se você é um religioso, antes de passar a estas reflexões, oriento-lhe a buscar realizar dois testes[7] no final do livro. Trata-se mais de parâmetros para identificação do momento atual do que propriamente de instrumentos de diagnóstico decisivo. O objetivo deste livro é compartilhar informações e histórias de vida de religiosos e não substitui a avaliação clínica e o acompanhamento especializado para quem necessita.

Alimentos e bebidas

Antes de falarmos em alimentação propriamente dita, cabe uma breve reflexão. Você já deve ter ouvido falar nos "desejos" experimentados por mulheres grávidas. As gestantes se dirigem para buscar alimentos que oferecerão as substâncias que o organismo precisa em determinado momento da gravidez, mesmo sem ter

---

7. Anexos III e IV.

consciência de tal fato. Isto tem uma explicação: nosso organismo tem a capacidade de alertar o cérebro sobre nossas necessidades fundamentais. O nutrólogo Edison Credidio (2013) alerta:

> O corpo nos envia mensagens a todo instante [...] a resposta para essa reação do corpo em "alertar" sobre suas condições de funcionamento está baseada na homeostasia – um mecanismo biológico automático, usado para regular os sistemas do organismo de modo que fiquem sempre equilibrados. Para entender melhor essa ação, imagine que você está fazendo uma dieta para perder peso. No final de semana, vai a uma churrascaria e come tudo o que tem vontade: carnes, sobremesas e muito mais. No dia seguinte, provavelmente você irá compensar o excesso, ingerindo apenas alimentos leves como saladas, grelhados e muita água. O mesmo acontece com o corpo. Se em um dia nossos batimentos cardíacos aceleram, no outro irão diminuir; se ele está com carência de algum nutriente, sentimos vontade de ingeri-lo para suprir essa necessidade, e assim por diante. Sempre há mecanismos de controle no organismo, e não é por acaso que surgem sinais e sintomas. É como a insulina que "coloca" energia na célula. Se ela não funciona bem e falta essa energia, teremos vontade de comer um doce, que fornecerá rapidamente essa substância ao nosso corpo (CREDIDIO, 2013).

O papel da alimentação saudável na vida do indivíduo é inquestionável. Interessante notar que os consultórios de psicologia têm como uma das queixas recorrentes questões relacionadas a transtornos alimentares. Indivíduos deprimidos muitas vezes acabam depositando na alimentação sua fonte prioritária de prazer; com isso, casos de obesidade multiplicam-se. Questões emocionais também podem induzir à obesidade. Lembro que certa vez atendia um rapaz que aos 17 anos, repentinamente, ficou órfão de pai. Era o único filho homem e, a partir de tal fato, assumiu várias responsabilidades com a finalidade de proteger e sustentar sua família e ganhou uma quantidade absurda de peso em um período pequeno de tempo. Em todas as sessões, ao falar dos desafios a que estava submetido, repetia: "tenho que ser forte agora". Ao longo das sessões, refletíamos o quanto a necessidade emocional tomava forma física e virava sintoma.

Assim, o controle da alimentação para quem é portador de alguma doença crônica como diabetes ou problema cardíaco, para quem está sob forte estresse, ou mesmo depressão, também se faz necessário. Certos alimentos estimulam o cérebro e os hormônios a trabalharem melhor, e alguns nutrientes podem fazer o oposto, prejudicando o indivíduo.

Na Inglaterra, um projeto chamado *Food and Mood Project* (Projeto Comida e Humor) identificou alimentos que podem auxiliar o trabalho de neurotransmissores ligados à depressão. Um aspecto importante é ingerir alimentos que favoreçam a digestão, pois o intestino passa a funcionar de modo incorreto se a absorção de nutrientes for lenta.

Alimentos ricos em vitaminas do Complexo B podem ser favoráveis à produção de energia e diminuição da ansiedade. Podemos destacar carnes vermelhas, arroz integral, aveia, linhaça, brócolis, abóbora e ovo. Igualmente, alimentos ricos em Vitamina C possuem poder antioxidante, combatendo a degeneração celular precoce, além de prevenir a fadiga e de ser uma substância que propicia bom funcionamento cerebral. Podemos destacar alimentos como: acerola, laranja, agrião, tomate, caju, mamão e limão.

Outros alimentos favoráveis são os chamados de "a gordura do bem", conhecidos como Ômega-3, que compõem a bainha de mielina, estrutura responsável por acelerar a transmissão cerebral.

Alimentos deste grupo são: salmão, sardinha, linhaça, ovo, azeite, chia e atum.

O triptofano auxilia diretamente os neurotransmissores e influencia diretamente o humor, podendo induzir à sensação de bem-estar e prazer. São fontes desta substância banana, melancia, mamão, grão-de-bico e sementes de girassol.

Magnésio é um mineral que fornece energia, combatendo o estresse, e também tem propriedades tranquilizantes, auxiliando os neurotransmissores. Alimentos como soja, abacate, batata, uva, banana e castanha-de-caju são fontes importantes.

O selênio, assim como a Vitamina C, é um antioxidante, contribuindo para amenizar os sintomas de depressão e estresse. Castanha-do-pará, amêndoa e nozes são excelentes fontes.

Finalmente o cálcio auxilia o controle da irritabilidade e o nervosismo, favorecendo também o bom funcionamento dos impulsos nervosos. Leite, iogurte, queijo, gergelim, couve e brócolis são ricos em cálcio.

Alimentos que prejudicam o quadro são açúcares, mel, doces, refrigerantes; pois, como possuem taxa elevada de açúcar, tendem a fornecer um rápido acréscimo de serotonina e depois uma baixa abrupta, que produz a necessidade de ingerir mais alimentos, podendo provocar ganho de peso.

Com relação às bebidas, a cafeína em excesso deve ser evitada, pois pode afetar o nível de ansiedade, alterando o humor.

Por motivos similares à necessidade de evitar o consumo de açúcares.

Precisamos fazer algumas considerações sobre o uso de álcool.

Muitas pessoas em depressão tendem a sentir uma vontade grande de consumir mais e mais álcool. A razão disso é que ele oferece fascínio inicialmente ao deprimido, pois desenvolve no usuário, temporariamente, a euforia, a alegria e o ânimo, perdidos pela pessoa deprimida. Infelizmente, funciona como uma "chave falsa" para os neurônios e, passado o seu efeito, conduz o indivíduo para um estágio ainda pior de sofrimento emocional, pois tende a acentuar a depressão.

Figura 2

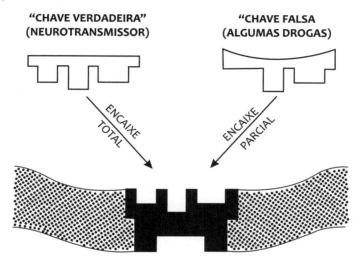

Fonte: Mansur, 2004.

Quando encaminho um paciente para um profissional de psiquiatria é comum a resistência e o medo da dependência na adesão medicamentosa. Contudo, vencida a resistência inicial, o que temos é uma nova qualidade de vida, que associada à psicoterapia pode fazer toda diferença na vida da pessoa. Infelizmente, quando esta ajuda é enfim procurada, muitas vezes o estrago realizado na vida pessoal pode já ser bastante grande.

Sintomas físicos: exercícios físicos/meditação

Exercitar o físico pode ser um dos caminhos antidepressivos mais efetivos para amenizar os sintomas de quem se encontra em depressão. Exercícios aeróbicos como caminhada, natação, corrida e dança são bastante indicados para indivíduos em depressão. Para que a melhora no ânimo do indivíduo se faça notar é fundamental que a prática ocorra há pelo menos 10 a 12 semanas e seja praticada com periodicidade mínima de três vezes por semana entre 45 minutos e uma hora a cada dia.

Outras terapias alternativas também podem ser indicadas. A meditação e a ioga podem proporcionar ao indivíduo que tire o foco de pensamentos negativos, que trabalhe a postura, a respiração e experimente descanso, desligando-se de modo completo por algum tempo. Um iogaterapeuta poderá montar uma estratégia individual para o paciente.

Psicoterapia: procurando o profissional mais adequado para você

Infelizmente, a psicoterapia ainda é vista com preconceito por alguns religiosos. Outros, por sua vez, reconhecem a importância do tratamento, mas buscam um profissional de sua religião para iniciá-lo. Costumo dizer que a religião do psicólogo não deve importar. Isto porque o bom profissional está ali para entender e respeitar a subjetividade do cliente e auxiliá-lo no que é questão para ele. Não cabe ao psicólogo fazer nenhum tipo de doutrinação religiosa. Aliás, isto se constituiria em infração do seu código de ética. Do mesmo modo que a religião do médico, dentista, nutricionista ou qualquer outro profissional que trata do religioso não deve ser uma preocupação central, a do psicólogo também não.

A psicologia, tal como concebemos hoje, é uma área de conhecimento com pouco mais de um século de existência. Não obstante a juventude do campo, seu papel na sociedade é indiscutível. O psicólogo é o profissional que pode auxiliar o indivíduo a superar entraves e desenvolver-se explorando suas potencialidades. Para isso, estuda por cinco anos; em algumas instituições o faz em tempo integral, aprendendo desde filosofia, anatomia, psicofarmacologia, até as diferentes abordagens teóricas no campo. Além disso, faz estágios supervisionados em várias áreas da psicologia: clínica, esportiva, hospitalar, de recursos humanos etc.

Contrariando o senso comum, ser psicólogo vai muito além de ouvir e não tem relação direta com o aconselhar. O psicólogo, tal qual um arqueólogo, visita com perícia os conteúdos emocionais arcaicos, sacode a poeira, lança luz sobre as ocorrências remotas que podem estar repercutindo no hoje. Ainda ajuda o cliente a construir as ferramentas para viver de modo mais pleno e feliz. Sim, psicologia é ciência.

Deste modo, listei algumas recomendações àquele que deseja procurar auxílio de um psicólogo profissional:

– Procure indicação de um bom profissional através de pessoas confiáveis. Este princípio vale não só para a busca de um(a) psicólogo(a). É sempre bom ouvir pessoas que foram bem-sucedidas com um profissional, dando-nos um parâmetro de credibilidade e confiabilidade.

– De modo concomitante à busca da indicação, é fundamental checar as credenciais do profissional. Para isso, entre na página do CRP (Conselho Regional de Psicologia) da sua cidade para ver se o profissional está inscrito no conselho e adimplente com este. Infelizmente existem pessoas exercendo de forma ilegal a profissão. Alguns fazem uma pós-graduação na área, aprendem alguns conceitos, mas não são licenciados nem aptos a exercer a profissão. Desconfie de alguém que se propõe a fazer terapia psicológica e tem graduação em outra área. Lamentavelmente, existem muitos.

– Uma vez vencida a etapa anterior, marque um primeiro atendimento. Peça que o profissional utilize parte da sessão para lhe explicar detalhadamente seu trabalho. Ele faz um "psicodiagnóstico" (momento inicial de avaliação do paciente, com vistas à impressão diagnóstica)? Quanto tempo dura? Isto é variável, mas será razoável que, após um ou no máximo dois meses de encontros semanais, ele marque uma "devolução", ou seja, um retorno formal ao cliente sobre as impressões do profissional e a explicação das estratégias do tratamento. É desejável, inclusive, que ele faça isso não só verbalmente, mas também por escrito, em especial se você chegou a ele por solicitação de um médico, da escola ou do trabalho. Neste caso é de bom-tom que quem encaminhou tenha minimamente algum *feedback*. O trabalho psicológico pode parecer bastante subjetivo; contudo, o profissional pode e deve objetivar suas percepções de modo inteligível ao cliente.

– Neste momento, também cabe ao paciente perguntar a linha de atendimento do psicólogo. Existem dezenas de linhas, como a Junguiana, a Terapia Cognitivo-comportamental, a Gestal-terapia, a Logoterapia etc. Caso o paciente tenha curiosidade sobre a linha, mas não domine o assunto, vale perguntar os princípios gerais da linha e como se desenrolam os encontros a partir daquela proposta. Isto irá se refletir no modo como o profissional irá se portar durante o tratamento: se irá ouvir, se participará falando ativamente, se passará exercícios, fará testes etc.

– Vocês farão um contrato verbal ou escrito, no qual acordarão honorários, tempo de duração da sessão, recibos para o Imposto de Renda ou para ressarcimento do plano de saúde, procedimento em caso de faltas, atrasos etc.

Dito isto, o principal fator para o sucesso da psicoterapia, após a certeza de estar lidando com um profissional idôneo, é a empatia. Só inicie o processo caso se sinta à vontade para partilhar sua intimidade com o profissional, sentindo-se plenamente acolhido.

Procurando ajuda médica

Assim como alguns religiosos possuem dificuldades com a psicologia, o mesmo ocorre com a procura por ajuda médica e a utilização de fármacos. Interessante que, se o religioso for diabético, certamente já precisou de ajuda especializada para isso. Se tiver reumatismo, também. Contudo, quando se fala de adoecimento do sistema nervoso, como já explicamos, problemas no nível de neurotransmissores, o preconceito se instala. Felizmente, esta conduta defendida vem pouco a pouco arrefecendo.

Do mesmo modo que a procura pelo profissional de psicologia deve ser por indicação, é oportuno conversar com alguém de confiança e buscar um médico para obter ajuda.

Este profissional deve ter uma postura aberta e tranquila não só para ouvir, mas também para explicar o efeito da medicação no organismo. É preciso paciência para ajustar a medicação adequada para cada pessoa. É necessário paciência também para esperar a medicação fazer efeito e utilizá-la pelo período de tempo recomendado. A medicação irá agir nos neurotransmissores, "reeducando" suas estruturas neurológicas, de tal modo que, quando a medicação, com orientação médica, começar a ser retirada, o organismo já terá "aprendido" a funcionar de modo correto. Medicação e psicoterapia não são muletas. São ferramentas para auxiliar no reequilíbrio do indivíduo, e ambos os acompanhamentos possuem início, meio e tempo de supressão.

É consenso entre psicólogos e psiquiatras a necessidade de se atrelar o uso de fármacos à psicoterapia. No caso da linha em que atuo, a Terapia Cognitivo Comportamental (TCC), o objetivo é "psicoeducar" o paciente, auxiliando a vencer padrões disfuncionais de comportamento e retomando uma vida mais equilibrada e feliz.

Desenvolvendo a assertividade e delegando tarefas

A assertividade é uma das habilidades sociais que confere competência social ao sujeito. O comportamento assertivo é a capacidade de o sujeito expressar diretamente suas necessidades, posicionamentos, preferências e emoções de modo tranquilo, ainda que seu interlocutor não esteja de acordo com aquilo que é dito. O sujeito se posiciona sem ser hostil ou irônico e sem apresentar ansiedade excessiva ao posicionar-se.

O sujeito assertivo possui o comportamento equilibrado, expressa seus desejos e não deixa a oportunidade de posicionar-se passar, ao contrário do sujeito passivo, que costuma "engolir sapos" e consequentemente pode acumular comportamento ansioso e irritadiço ao contrariar a si mesmo. Igualmente inadequado seria o comportamento agressivo, em que o sujeito consegue expressar o que sente, mas o faz de modo áspero ou irônico, exasperando o interlocutor e podendo posteriormente acumular sentimentos de culpa por ter sido áspero.

Figura 3

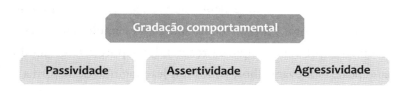

Interessante que muitos religiosos erroneamente pensem ser necessário agir com passividade para estar em consonância com os preceitos religiosos. Del Prette e Del Prette (2011) apresentam o caso de uma paciente (Laura) com este perfil e revelam como a fizeram perceber diferente:

> A base psicorreligiosa de Laura, como a de muita gente, é a de autonegação com uma autopunição disfarçada. O processo terapêutico iniciou-se com a desconstrução de algumas de suas "premissas cristãs". Após certa familiaridade com o conceito de assertividade, Laura recebeu a tarefa de identificar nos evangelhos registros em que Jesus tivesse se comportado de maneira passiva e não expressasse seus sentimentos de amor, ternura e desagrado. No atendimento seguinte, Laura estava entusiasmada com suas descobertas sobre o que, bem-humorada, referiu como o "Jesus assertivo". Ao mesmo tempo mostrou-se desanimada, pois uma coisa era saber que podia agir assertivamente, outra era como fazê-lo. Daí por diante, planejamos conjuntamente sua aprendizagem e a prática de novas habilidades assertivas, através de metodologia apropriada (DEL PRETTE; DEL PRETTE, 2011, p. 91).

Durante o tratamento psicológico pode ser realizado o Treino das Habilidades Sociais, auxiliando o sujeito que possui dificuldades nesta área a expressar-se de forma segura e tranquila.

Somente um líder assertivo consegue delegar tarefas, desincumbir-se de algumas atribuições que podem ser executadas por outrem e também auxiliar aquele que não está desempenhando bem um papel. Esta é uma habilidade social aprendida durante o desenvolvimento. Caso o sujeito tenha apresentado falhas neste aspecto, sempre será tempo de reaprender a portar-se de modo mais eficaz. Nos evangelhos, vimos um Jesus agindo desta forma e incitando seus seguidores a fazerem o mesmo:

> Na grande maioria das situações, desde as familiares até as de seu julgamento, Jesus agiu assertivamente e, em nenhum momento, poderia ser considerado desprovido de energia, fraco ou submisso. Igualmente procurou ensinar seus discípulos a se libertarem da passividade, enfatizando o valor de se expressar e defender os próprios ideais: "Seja o vosso falar sim, sim; não, não". Em todos eles, procurou desenvolver a autoconfiança, mostrando várias vezes a importância e a necessidade de fazer escolhas e tomar decisões (DEL PRETTE; DEL PRETTE, 2011, p. 95).

Habilidades sociais de amizade: retomando a vida social

Durante o trabalho no seminário, auxiliar os seminaristas no exercício da boa convivência é um desafio diário para os seus formadores.

Em uma das vezes em que proferi palestra sobre a temática da Síndrome de Burnout um dos espectadores levantou a seguinte questão: "Passamos nove anos no seminário aprendendo a conviver, estreitando os laços com nossa turma e, após a ordenação, estamos completamente sozinhos". Ainda que os religiosos tenham outros religiosos para se relacionar, a intensidade de vida coletiva vivenciada no seminário está longe de ser novamente experimentada no dia a dia como liderança religiosa. Como foi levantado pela Pastora Déborah, o pastorado muitas vezes está atrelado a uma solidão que pode ser penosa nos momentos de crise.

Em outra ocasião, em um encontro de reitores de seminário, foi comentada a cobrança por resultados a que os líderes estão submetidos e a dificuldade de haver locais onde se possa partilhar estas dificuldades de modo sistemático.

Voltando à experiência do seminário, nos últimos anos, por orientação dos formadores, as turmas possuem um encontro mensal. Trata-se de um momento de lazer de cada grupo com o objetivo de estreitar os laços de amizade e companheirismo. Seria muito importante se esta prática de encontros periódicos se prolongasse para além do tempo formativo. Do mesmo modo, é fundamental preservar os amigos de infância, os familiares e as pessoas externas ao meio religioso. Este investimento tem um preço e é preciso estar disposto a pagá-lo:

> Algumas pessoas conseguem fazer amizades, mas encontram dificuldade em mantê-las. Isso pode ocorrer principalmente devido à ausência de maior transparência ou de interesse genuíno. Em outras palavras, é necessária coerência entre o pensar, o sentir e o agir em relação ao outro, tanto na fase inicial da busca de amigos como nas etapas posteriores de preservação desse relacionamento. A manutenção da amizade exige investimento em alternativas diversificadas e mais constantes de aproximação e contato. Algumas iniciativas nessa direção podem ser exemplificadas em termos de visitas, bilhetes, telefonemas, convites para encontros, recepção fraterna na própria residência etc. Esses esforços não se restringem às ocasiões especiais como aniversários, formaturas, promoções, dia de Natal e passagem de ano (DEL PRETTE; DEL PRETTE, 2011, p. 125).

Juntamente com o investimento na vida social, o investimento em descanso e também em lazer é fundamental para o equilíbrio físico e emocional do religioso. No anexo V deste livro há uma atividade chamada Curtigrama; na qual você poderá fazer um levantamento de coisas que gosta de realizar e não tem feito, possibilitando assim um planejamento neste sentido.

Conclusão

Porque não há nada oculto que não venha a
ser revelado, e nada escondido que não venha
a ser conhecido e trazido à luz.

(Lucas 8,17)

Para os religiosos que têm em mãos este livro não é difícil pensar na Bíblia Sagrada e rememorar homens e mulheres de fé que passaram por momentos de desânimo: Jeremias, Habacuc, Elias... O exemplo do Profeta Elias é clássico. Pelos sintomas descritos, podemos deduzir que Elias vivenciou um esgotamento emocional com sintomas depressivos. No Livro de Reis encontramos o relato de três vitórias espetaculares do profeta. Ao final destas vitórias, Elias ainda encontrava oposição dos Reis, e seu esgotamento emocional o levou à prostração absoluta, tendo chegado a pedir a morte: "toma agora minha vida, pois não sou melhor do que os meus pais" (1 Reis 19,4).

Tal qual Elias, este fenômeno – de abatimento após vitórias – não é incomum. A psicóloga Esther Carrenho chama atenção para a possibilidade de conduta abatida após grandes empreitadas:

> Normalmente, diante de um desafio, o corpo passa a produzir um excesso de adrenalina para que a pessoa dê conta de executar todo o seu plano até ver o desafio cumprido. Uma vez que a tarefa está encerrada, a produção de adrenalina também cessa, trazendo para o corpo uma prostração e um cansaço de tal forma que algumas pessoas demoram alguns dias para se recuperarem novamente (CARRENHO, 2007, p. 184).

Como foi exposto, o esgotamento emocional do religioso é progressivo e passa por vários estágios. No caso do Profeta Elias, ele sofreu oposição obstinada, experimentou frustração, esgotamento físico e emocional e na sequência um medo inconsequente. Interessante que Elias havia derrotado muitos guerreiros e depois experimentava medo. Isto me lembra a situação de um sacerdote que certa vez fui levar a um psiquiatra a pedido de uma amiga religiosa. No trajeto até o consultório, ele me confidenciava: "Tem paroquianos que chegam perto de mim, que só de vê-los minha carne treme toda". Nenhum fiel daquele homem forte, carismático, destemido, poderia supor o que se passava em seu interior. Esgotado, exaurido pelas demandas cotidianas, passou a sentir medo das pessoas. Cada um que lhe abordava, parecia sugar as últimas gotas de energia que ainda possuía... Os sintomas de Elias, os sintomas dos religiosos adoecidos em nível extremo caminham na mesma direção: contradição entre sentimento e comportamento, desejo de morrer, autodepreciação, alteração do sono, dos hábitos alimentares e autopiedade. Em decorrência destes sintomas, o desejo de fugir e esconder-se é muito forte. Elias escondeu-se em uma caverna.

Muitas vezes religiosos buscam esconder-se. Muitas vezes há a tentação de não mais cumprir os preceitos divinos. Foi assim com Jeremias. Outras vezes há uma decepção e revolta com o povo. Foi assim com Jonas. Em meio a toda tempestade, ainda pode haver uma crise de fé, incrementando a problemática. Foi assim com Santa Teresa de Calcutá:

> Senhor, meu Deus, quem sou eu para que Tu me abandones? Sou a criança do teu amor – e agora se tornou a mais odiada – aquela que jogaste fora como indesejada – como não amada. Eu chamo, agarro-me – não, ninguém. – Sozinha. A escuridão é tão escura – e eu estou

sozinha. – Indesejada, abandonada. A solidão do coração que quer amor é insuportável. – Onde está a minha fé? Mesmo lá no fundo, bem lá dentro, não há nada a não ser vazio e escuridão. – Meu Deus – que dolorosa é esta dor desconhecida. Dói sem cessar. – Não tenho fé (KOLO-DIEJCHUK, 2008, p. 195).

Na verdade, pode ser assim com os religiosos do passado e os religiosos do presente. Por esta razão, a escrita deste livro. O desejo de fazê-lo tornou-se ação em novembro de 2016, quando em um intervalo de um mês três jovens sacerdotes católicos se suicidaram em diferentes regiões do país, trazendo perplexidade aos fiéis. Diante das grandes tragédias, buscamos explicações. Passei a me perguntar por que estes três homens não procuraram ajuda. Qual seria a razão de não pedirem socorro? Entrei no perfil de um deles na rede social. Eu estava enganada. Estava ali um pedido claro, contundente, sofrido. O padre em questão colocou uma fotografia sua quando criança e falava de sua agonia, que atravessava "noites traiçoeiras" e que pensava em se render. Abaixo do *post*, dezenas de comentários. Alguns de solidariedade, mas a maior parte ignorando o pedido de ajuda e falando sobre a foto, o tempo de criança etc. Seriam as pessoas insensíveis, apáticas, desprovidas de empatia? Não mesmo.

Embora pudesse parecer cruel o modo como ignoraram o explícito pedido de socorro, tenho certeza de que a situação é bem mais complexa. Parece senso comum que os mediadores do divino estejam disponíveis para auxiliar no sofrimento humano, e, por esta razão, são vistos como pessoas fortes, inabaláveis, quase intocáveis. Talvez se defrontar de modo claro com a humanidade do padre ou do pastor, que muitas vezes é uma âncora para o fiel, o conduza a um desamparo que torna mais fácil negar sua possível fragilidade. Por isso esta dor é tão pungente, por isso é tão grave, por isso é uma dor invisível.

Meu desejo é lançar um pouco de luz, conferindo alguma visibilidade à humanidade dos religiosos e das religiosas. Espero tê-lo conseguido e que, desta forma, esta não seja uma leitura apenas destinada ao público consagrado, mas a leigos em geral e profissionais de saúde.

Referências

ALVES, Rubem. *O sapo que queria ser príncipe*. São Paulo: Planeta do Brasil, 2009 [Coleção Adolescência e Juventude].

CAIN, Susan. *O poder dos quietos*. Rio de Janeiro: Agir, 2012.

CAMPOS, Luciana de Almeida. *Tessitura de peregrinos*: análise do trânsito religioso entre pastores protestantes. Rio de Janeiro: Universidade Federal do Rio de Janeiro, 2013 [Tese de doutorado em Serviço Social].

_____. *Em nome de Jesus*: um estudo sobre religião, política e cultura na escola pública laica. Niterói: Universidade Federal Fluminense, 2004 [Dissertação de mestrado em Educação].

CARRENHO, Ester. *Depressão*: tem luz no fim do túnel. São Paulo: Vida, 2007.

DEL PRETTE, Almir & DEL PRETTE, Zilda. *Habilidades sociais*: o modelo de Jesus. Petrópolis: Vozes, 2011.

FERNANDES, Leonardo Agostini. *Jonas*. São Paulo: Paulinas, 2010.

GÉLINEAU, Paulette Chayer. *Como curar-se das consequências de pais alcoólatras*. São Paulo: Paulinas, 2012.

GENEVA, World Health Organization. *Classificação de transtornos mentais e de comportamento da CID-10*: descrições clínicas e diretrizes diagnósticas. Porto Alegre: Artes Médicas, 1993 [Tradução: Dorgival Caetano].

KOLODIEJCHUK, Brien. *Madre Teresa: venha, seja minha luz* – A história e os mais impressionantes escritos da Santa de Calcutá. Rio de Janeiro: Thomas Nelson Brasil, 2008.

LARA, Diogo. *Temperamento forte e bipolaridade*: dominando os altos e baixos do humor. Porto Alegre: Armazém de Imagens, 2004.

LEAL, G. *Epidemia silenciosa: mente e cérebro* – Doenças do cérebro. Vol. 6. São Paulo: Duetto, 2010, p. 6-11.

MACIEL, Lígia. O poder da alimentação. *Revista Vença a Depressão*, ano 2. Orientação completa para psicólogos e médicos. São Paulo: Astral Cultural, 2013.

MAFRA, Clara. *Os evangélicos*. Rio de Janeiro: Zahar, 2001.

MANSUR, Jandira. *O que é toxicomania*. São Paulo: Brasiliense, 2004.

PEREIRA, Willian César Castilho. *Sofrimento psíquico dos presbíteros*: dor institucional. Petrópolis: Vozes, 2012.

RICCIARDI, Marcelo. É ou não depressão? *Revista Vença a Depressão*, ano 2, n. 3. Orientação completa para psicólogos e médicos. São Paulo: Astral Cultural, 2013, p. 20-21.

SILBERFARB, Benomy. *Hipnoterapia cognitiva*. São Paulo: Ve tor, 2011.

VALLA, Victor Vincent (org.). *Religião e cultura popular*. Rio de Janeiro: DP&A, 2011.

YOUNG, Jeffrei E. *Terapia do esquema*: guia de técnicas cognitivo-comportamentais inovadoras. Porto Alegre: Artmed, 2008.

Sites pesquisados:

http://www.robsonpiresxerife.com/notas/sindrome-de-burnout-estresse-no-trabalho-causa-doenca-previna-se – Acesso em 20/09/2016.

https://www.youtube.com/watch?v=SWvjHPszmqw

https://www.youtube.com/channel/UC9lvaVDW5Pl1IYHZTL57ehQ?v=cNu6ZatcHd8

http://psicoterapiaepsicologia.webnode.com.br/news/terapia-do-esquema-um-novo-enfoque-cognitivo – Acesso em 23/12/2016.

http://www.ultimato.com.br/revista/artigos/361/jeremias-com-a-sindrome-de-burnout – Acesso em 15/01/2017.

http://www.planassiste.mpu.mp.br/news/segundo-oms-121-milhoes-de-pessoas-sofrem-de-depressao-em-todo-o-mundo – Acesso em 23/02/2017.

https://danielglimajr.wordpress.com/2016/12/28/da-janela-lateral/amp/ – Acesso em 13/03/2017.

http://revistavivasaude.uol.com.br/saude-nutricao/64/decifre-seus-desejos-entenda-por-que-voce-sente-vontade-96900-1.asp/, acesso em: 14/03/2017.

http://www.lucianacampos.psc.br/novo/index.php?option=com_ conte nt&view=article&id=105:infancia-roubada-consequeencias-emocionais–para-filhos-de-dependentes-de-alcool-e-drogas&catid=2&Itemid=267&l ang=em – Acesso em 14/03/2017.

http://www.lucianacampos.psc.br/novo/index. php?option=com_cont ent&view=article&id=124:precisa-de-ajuda-alguns-cuidados-antes-de-contratar-um-a-psicologo- a&catid=2&Itemid =267&lang=en – Acesso em 14/03/2017.

https://ciencias.ulisboa.pt/sites/default/files/fcul/institucional/ gapsi/ Assertividade.pdf – Acesso em 15/03/2017.

http://pensarfazmuitobem.blogspot.com.br/2011/01/depressao-e-luz-no-fundo-do-tunel.html – Acesso em 18/03/2017.

http://www.ultimato.com.br/revista/artigos/361/jeremias-com-a-sindrome-de-burnout – Acesso em 18/03/2017.

ANEXOS

ANEXO I

ROTEIRO DE ENTREVISTA SEMIESTRUTURADA PARA
RELIGIOSOS E EX-RELIGIOSOS

Nome:

Denominação religiosa:

Tempo de vida religiosa consagrada como líder:
Formação (Escolaridade/curso superior):

Idade:

1. Conte-me um pouco de sua história vocacional, sua conversão
e suas motivações para ingresso na vida religiosa.

2. Faça um contraponto entre a realidade idealizada e a realidade
encontrada.

3. Assinale com um X as **características pessoais com as quais você se identifica** nas alternativas abaixo. É possível assinalar mais de uma. Explique brevemente as alternativas assinaladas:

( ) Autocrítica excessiva

( ) Perfeccionismo

( ) Postura tranquila e relaxada

( ) Postura tensa e preocupada

( ) Facilidade de delegar tarefas

( ) Tendência à centralização de decisões

( ) Tendência a sacrificar-se pelos demais na maior parte do tempo

( ) Preocupa-se em ter um tempo para você na sua agenda

( ) Teve pelo menos um episódio de depressão durante a vida religiosa

( ) Teve pelo menos um episódio de transtorno de ansiedade durante a vida religiosa (Ex.: Síndrome do Pânico)

A Síndrome de Burnout é uma doença caracterizada por uma reação ao estresse crônico provocado pela vida profissional, que causa esgotamento emocional e físico e pode levar à depressão, baixa autoestima, agressividade e a uma série de doenças. Você acredita que já atravessou situações assim em sua caminhada pastoral? Pode descrever seus sentimentos em caso positivo?

Você acredita que sua atividade pastoral lhe priva de modo excessivo do convívio familiar e social?

Você possui vida social regular com pessoas externas à sua comunidade religiosa?

Qual o período de descanso que você reserva para si mesmo semanalmente?

Que período de lazer você reserva para si mesmo semanalmente?

Você tem algum *hobby* que pratica com regularidade? Qual? Se tem e não pratica, qual a razão?

Numa escala de 0 a 100%, avalie sua carga de *stress* com sua atividade pastoral religiosa.

Numa escala de 0 a 100%, avalie a carga de satisfação com sua atividade pastoral religiosa.

Você já mudou de religião? De qual para qual e quais as motivações?

Você chegou a romper com sua atividade de liderança? Se sim, pontue as razões.

Você se considera uma pessoa assertiva? Consegue dizer não com facilidade?

Você frequenta ou frequentou algum tipo de auxílio emocional fora do âmbito religioso, como psicólogo, psiquiatra? Por quanto tempo? Fez uso de fármaco?

Você tem alguém para partilhar questões relativas ao seu cansaço e desgaste emocional com regularidade?

Se desejar acrescentar algo que não foi perguntado sobre o tema, utilize o espaço abaixo:

ANEXO II

n° 117-E, terça-feira, 22 de junho de 1999   **Diário Oficial**
ISSN 1415-1537

Ministério do Trabalho e Emprego

GABINETE DO MINISTRO

DESPACHO DO MINISTRO
Em 21 de junho de 1999

CANCELAMENTO DE REGISTRO SINDICAL
O MINISTRO DE ESTADO DO TRABALHO E EMPREGO, no uso de suas atribuições legais e tendo em vista o disposto no artigo 8°, inciso I da Constituição Federal, e, com fundamento no Parecer SRT de 21.06.99, resolve: CANCELAR o ato publicado no Diário Oficial da União de 22.04.99, Seção I, pág. 09, n° 75-E, que concedeu o Registro Sindical ao Sindicato dos Ministros de Cultos Religiosos Evangélicos e Trabalhadores Assemelhados no Estado de São Paulo – SP, processo n° 46000.002558/98.

FRANCISCO DORNELLES

(Of. El. n° 107/99)

ANEXO III

ESCALA DE AUTOAVALIAÇÃO DE ZUNG PARA DEPRESSÃO[8]

1. Faça um x sobre o que mais se aproxima do seu comportamento; depois some o valor dos itens marcados e veja o resultado na tabela seguinte:

Eu...	Nunca	Às vezes	Com frequência	Quase sempre
Sinto-me desanimado(a), deprimido(a) e triste	1	2	3	4
De manhã é o momento do dia em que me sinto melhor	4	3	2	1
Tenho crises de choro ou sinto vontade de chorar	1	2	3	4
Tenho problemas de sono durante a noite	1	2	3	4
Continuo a comer tanto quanto comia anteriormente	4	3	2	1
Ainda sinto prazer com o sexo	4	3	2	1
Percebi que estou perdendo peso	1	2	3	4
Tenho prisão de ventre	1	2	3	4

8. RICCIARDI, Marcelo. É ou não depressão? *Revista Vença a Depressão*, ano 2, n. 3. Orientação completa para psicólogos e médicos. São Paulo: Astral Cultural, 2013, p. 20-21.

O meu coração está mais acelerado que o habitual	1	2	3	4
Canso-me sem motivo aparente	1	2	3	4
Sinto-me tão lúcido(a) como antigamente	4	3	2	1
Sinto-me agitado(a) e não consigo ficar parado(a)	4	3	2	1
Sinto-me otimista em relação ao futuro	1	2	3	4
Sinto-me mais irritável que o habitual	4	3	2	1
Sinto facilidade em tomar decisões	1	2	3	4
Sinto-me útil e necessário(a)	4	3	2	1
Sinto ter uma vida bastante intensa	4	3	2	1
Sinto que seria melhor se eu morresse	1	2	3	4
Continuo a ter prazer nas coisas que fazia anteriormente	4	3	2	1

20 a 34 pontos	NÃO CONFIGURA DEPRESSÃO
35 a 49 pontos	DEPRESSÃO LEVE
50 a 64 pontos	DEPRESSÃO MODERADA
65 a 80 pontos	DEPRESSÃO PROFUNDA

ANEXO IV

Índice de Burnout[9]

Síndrome de Burnout é um distúrbio psíquico de caráter depressivo, precedido de esgotamento físico e mental intenso. Faça o teste e avalie seu risco de ter burnout.

Avaliação: Nunca (1) | Raramente (2) | Às vezes (3) | Todo o tempo (4) | Com muita frequência (5)

Perguntas	1	2	3	4	5
1. Você se sente deprimido(a) como se sua energia física e emocional estivesse exaurida?					
2. Você acha que está propenso(a) a pensar negativamente sobre seu emprego?					
3. Você se considera mais frio(a) e/ou menos sensível com outras pessoas do que possivelmente elas merecem?					
4. Você fica irritado(a) facilmente com os pequenos problemas ou com seus colegas de trabalho e sua equipe?					
5. Você se sente incompreendido(a) ou desconsiderado(a) pelos seus colegas de trabalho?					
6. Você sente que não há nada para conversar?					
7. Você acha que está realizando menos do que deveria?					

---

9. Fonte IDHL (www.idhl.com.br), acesso 18/03/2017.

8. Você se sente em um nível incômodo em relação à pressão para obter êxito?				
9. Você sente que não está conseguindo o que quer fora do seu emprego?				
10. Você sente que está na empresa ou profissão errada?				
11. Você está ficando frustrado(a) com partes do seu trabalho?				
12. Você sente que a burocracia e a política organizacional frustram sua habilidade de realizar um bom trabalho?				
13. Você sente que há mais trabalho do que você tem habilidade de realizar na prática?				
14. Você sente que não tem tempo para realizar muitas coisas que são importantes e fazer um trabalho com qualidade?				
15. Você acha que não tem tempo para planejar tanto quanto você gostaria?				

15 a 18 pontos	**NENHUM SINAL DE BURNOUT**
19 a 32 pontos	**Pequeno sinal de burnout, a menos que alguns itens (pontuação) estejam particularmente altos.**
33 a 49 pontos	**Cuidado, você corre risco de burnout, principalmente se muitos itens estiverem altos.**
50 a 59 pontos	**Você corre um grande risco de burnout. Faça algo a respeito, urgentemente.**
60 a 80 pontos	**Você está com enorme risco de burnout. Faça algo a respeito, urgentemente.**

ANEXO V

CURTIGRAMA

NOME: DATA:

COISAS QUE CURTO E FAÇO	COISAS QUE CURTO E NÃO FAÇO
COISAS QUE NÃO CURTO E FAÇO	**COISAS QUE NÃO CURTO E NÃO FAÇO**

CULTURAL

Administração
Antropologia
Biografias
Comunicação
Dinâmicas e Jogos
Ecologia e Meio Ambiente
Educação e Pedagogia
Filosofia
História
Letras e Literatura
Obras de referência
Política
Psicologia
Saúde e Nutrição
Serviço Social e Trabalho
Sociologia

CATEQUÉTICO PASTORAL

Catequese
Geral
Crisma
Primeira Eucaristia

Pastoral
Geral
Sacramental
Familiar
Social
Ensino Religioso Escolar

TEOLÓGICO ESPIRITUAL

Biografias
Devocionários
Espiritualidade e Mística
Espiritualidade Mariana
Franciscanismo
Autoconhecimento
Liturgia
Obras de referência
Sagrada Escritura e Livros Apócrifos

Teologia
Bíblica
Histórica
Prática
Sistemática

REVISTAS

Concilium
Estudos Bíblicos
Grande Sinal
REB (Revista Eclesiástica Brasileira)
SEDOC (Serviço de Documentação)

VOZES NOBILIS

Uma linha editorial especial, com importantes autores, alto valor agregado e qualidade superior.

VOZES DE BOLSO

Obras clássicas de Ciências Humanas em formato de bolso.

PRODUTOS SAZONAIS

Folhinha do Sagrado Coração de Jesus
Calendário de mesa do Sagrado Coração de Jesus
Agenda do Sagrado Coração de Jesus
Almanaque Santo Antônio
Agendinha
Diário Vozes
Meditações para o dia a dia
Encontro diário com Deus
Guia Litúrgico

CADASTRE-SE
www.vozes.com.br

EDITORA VOZES LTDA.
Rua Frei Luís, 100 – Centro – Cep 25689-900 – Petrópolis, RJ
Tel.: (24) 2233-9000 – Fax: (24) 2231-4676 – E-mail: vendas@vozes.com.br

UNIDADES NO BRASIL: Belo Horizonte, MG – Brasília, DF – Campinas, SP – Cuiabá, MT
Curitiba, PR – Fortaleza, CE – Goiânia, GO – Juiz de Fora, MG
Manaus, AM – Petrópolis, RJ – Porto Alegre, RS – Recife, PE – Rio de Janeiro, RJ
Salvador, BA – São Paulo, SP